PÁJARO QUE LLEVA EN SU PICO LA JAULA

Colección César Curiel

Editorial Dos islas

Pájaro que lleva en su pico la jaula
© Colección de César Curiel
© Editorial Dos Islas 2022

Copilador: César Curiel
Editora: Odalys Interián

ISBN: 9798842470648

Imagen de portada tomada de: Pixabay.com

PÁJARO QUE LLEVA EN SU PICO LA JAULA

COLECCIÓN CÉSAR CURIEL

Mi ventana es una cúspide de anhelos
con ansias de libertad pintada
ahí tejo sueños y los deshago como migajas
que penetran por las rendijas.
Veo con ternura al niño
que juega con su sombra
él es mi espejo
igual que el pájaro que lleva en su pico
la jaula.
CÉSAR CURIEL

Contenido

13

PÁJARO QUE LLEVA EN SU PICO LA JAULA

Fresca aún la tinta en *Flores de Youtan Poluo*, libro revelador con versos de un grupo de amigos del poeta César Curiel, éste desoye el mal agüero sobre las segundas partes y se aventura al lanzamiento de *Pájaro que lleva en su pico la jaula*, un nuevo conjunto donde repite algunos nombres y agrega muchos más, sobrepasando la treintena de autores reunidos en la primera colección.

Como en su precedente, el orden en que aparecen los poemas del libro no responde a la lógica efectista de colocar en posiciones claves las firmas de autores con mayor reconocimiento público. Más importante parece haber sido para el compilador la aplicación del máximo rigor selectivo para que todas las piezas cumplan por igual el requisito de coleccionables. De tal manera, como ocurre en *Flores de Youtan Poluo* y también en otras (escasas) compilaciones poéticas elaboradas a partir únicamente del buen gusto, el desprejuicio y la diáfana voluntad, bastará con que los lectores abran al azar cualquier página para que se acerquen a la obra de magníficos creadores de diferentes edades y tendencias estilísticas que hoy escriben desde el sur, norte y centro de América, o desde el Caribe y Europa.

Se cuenta que Sócrates, aquel visionario de ojos saltones y con un solo par de sandalias, decía poseer una suerte de instinto que le permitía distinguir al vuelo entre el poema que vigoriza el espíritu y el que apenas lo adormece o le obnubila, cuando no lo deja tan frío como la nariz de un perro. Lástima que ese instinto milagroso no haya destilado sus jugos hasta nuestros días. Bien les viniera a la mayoría de los actuales compiladores de antologías poéticas. No obstante, y ya que no todo está perdido, algo de aquella propensión socrática parece rezumar todavía sobre volúmenes como el de esta segunda colección con poemas representativos de amigos del mexicano César Curiel.

Ojalá que tal acierto no le condene a la cicuta. O no por lo menos antes de que organice la tercera colección.

JOSÉ HUGO FERNÁNDEZ
Miami, verano de 2022.

Antonio Arroyo Silva

Nacido en Santa Cruz de La Palma en 1957, es Licenciado en Filología Hispánica por la Universidad de la Laguna. Ha sido colaborador de revistas nacionales e internacionales. Ha publicado libros de poemas: *Las metamorfosis, Esquina Paradise, Caballo de la luz, Symphonia, No dejes que el arquero, Sísifo Sol, Subirse a la luz. Antología esencial 1982-2014,* (español-rumano), *Poética de Esther Hughes, Mis íntimas enemistades, Ardentía y Fila cero.* Las plaquettes *Material de nube y Un paseo bajo los flamboyanes.* En ensayo, *La palabra devagar.* Ha participado en varios festivales internacionales de poesía como la «XXII Cita en Berlín», invitado por la Universidad Humboldt como representante de NACE. Es miembro de la Nueva Asociación Canaria de Escritores (NACE). Premio Hispanoamericano de Poesía «Juan Ramón Jiménez» 2018 por *Las horas muertas.*

9

Quítate el traje, niña Libertad, hombre o mujer
u objeto del deseo.
El pájaro que cruza
la ventanilla blanca de la ceguera nos mira las llagas
solo un momento y sigue su camino. No sabe
el pájaro que es libre, que está desnudo.
No sabe nada el pájaro de ti ni de mí.
Le aturde la extrañeza de los seres humanos
que no usan las plumas
para volar
sino para sentirse pájaros.

ESTA CASA

Algo de esta casa
llevas en el bolsillo cuando vas
al filo del poema.
La hondura del jardín
donde el papayo sueña con el destello
gris de la maresía.
El perro es una turba en medio de
la voz que mueve el rabo de la aurora.
El mundo es una concha de caracol
asomada a mi casa y, a su vez,
mi casa es una almeja virgen
que al mar no se entregó en cuerpo y alma
sino tendida al páramo subsiste
velando por la sal.

No me vendo

ni por el estallido de la luz que me dieras
ni por el verso azul que brilla en tu cabello
ni por esa lágrima silenciosa y sutil
que desmigaja el mundo para dar de comer
a las palomas cuánticas. No me vendo
ni al amor de mi amante ni al odio del amor
despechado, ni a ti que me pasas la mano
por el hombro y te enjugas la mente de la mano
con zarzas encendidas.
No me vendo
a la lujuria ni al fingido pudor
ni a la sombra del gato que es puñal y veneno.
No me vendo, ni yo ni mi palabra,
que no es mía— ni yo me pertenezco—,
ni a la pena que da escuchar tanto llanto
— el que sufre no deja que su cáliz
anegue el arco iris—.
No me vendo.

MIS ÍNTIMAS
enemistades vienen todas juntas bajando
una calle del verso. Traen la pipa de la paz.
Pero es un cachivache demasiado raído,
no suelta el humo blanco
de la conciliación. Desconozco el motivo
que les hace pensar que soy devoto
de sus benevolencias,
pues miro a otro lado cada vez que ellas vienen

¿Las odio, no las odio? Quizás las ame pero,
tal vez, sean cadáveres que tengo en el traspatio.
A veces se enquistan tanto en mí que me pregunto
si soy yo la más íntima
enemistad que nunca tuve.

LA POESÍA
solo es la diferencia
entre la casa donde habito
y ese vivir
tan igual que es la muerte.

ANDRÉS E. DÍAZ CASTRO

Nace en Cuba 1948. Su actividad poética se ha desarrollado fundamentalmente en las redes: Facebook, Blog "Impronta en las dunas" y un canal en YouTube. En los años noventa publicó en Cuba "El libro devorado", gracias a la colaboración de unos amigos, fue una edición muy limitada y distribuida entre allegados. En España ha participado en recitales y ha sido jurado en concursos de poesía. Poemas suyos están incluidos en la Antología "Poetas cubanos en Canarias" (Cuadernos de la Gueldera, Gran Canaria, 2015 e Editorial Primigenios, 2020) Ha publicado los poemarios "En el segundo cero" y "Desde la vista de un punto", ambos en la Editorial Dos Islas (2020). Tiene un vídeo con algunos de sus poemas en la sesión "Sentado en el aire" de la "Biblioteca visual de autores cubanos" de Juan Carlos Recio. Vive en las Islas Canarias desde 1993.

VOLVEREMOS A ESCRIBIR EN LOS MUROS

Volveremos
a escribir
en los muros de la rabia
por las crepitaciones
y el hedor a desarraigo
lo mustio adherido
al instante decomisado al alba
por los estampidos
de los guardianes de lo estático
así siempre
obstinados
intentando argollar a los pájaros
al protocolo del reptil adaptado

Volveremos a escribir esas palabras
para que amanezca de otro modo.

SÍNTESIS

De
lo más
a lo menos
de lo que se sabe
a lo que nunca se sabrá
todo
es solo
el vuelo
de una mariposa
en pos de la llama
donde encontrará
la certeza de las cenizas.

DESEO PÓSTUMO

Que
algo
de mí
vuelva a las nubes
algo
que sin ser yo
despierte en algún niño
ese caballo blanco
donde galopar hasta el absurdo
como chispa de irracionalidad
en la oscura razón del enjambre.

EL BAÚL DE LOS OLVIDOS

El baúl donde guardo
las cosas olvidadas
está repleto de oquedades
y emana
un insoportable olor a vacío
que me atolondra
recordándome
cuánto he muerto
en el acto de vivir.

Caerán los párpados

No
serán cortinas
·sino párpados
los que caerán
y también las luces
el ruido
y empezará
la erosión lenta
pero implacable
y ya no estaré
en esa brevedad.

Ha publicado poemas, artículos de opinión, reseñas de libros y una novela. Los artículos y las reseñas han aparecido en diferentes medios, sobre todo digitales y en Newsweek en español. Los poemarios: "El día siguiente de mi infancia", "El silencio que dicen", "Soñar como es debido con una flor azul" y "Si acaso 3 cuervos", y "Il silenzio che dicono" (El silencio que dicen en versión italiana, Edizione Il Foglio, Italia) y las plaquettes Cubo de Rucbick" y "Curiosidades", en ese orden — excepto "El silencio que dicen", Editorial Primigenios, Miami, 2020, y "Soñar como es debido con una flor azul" y "Si acaso 3 cuervos", Editorial Dos Islas, Miami, 2020 y 2021 respectivamente—, fueron publicados en Cuba durante los años ochenta y principios de los noventa, en Extramuros, Letras Cubanas y Ediciones Unión. También ha publicado la novela "Frontera Azul" en Editorial Primigenios de Miami. Además, aparecen poemas suyos en dos antologías de poesía cubana: "Cuba: en su lugar la poesía" y "Usted es la culpable", la primera editada en México y la segunda en Cuba. Naturalizado español, vive en España.

INCLINADO[1]

Al parecer los minutos ceden al tacto,
están escritos con una tinta sospechosa: mutan y se borran sin
dejar huella.
Lo mismo ocurre con los días, y hasta con los años.
Quizá también con los siglos. Todos concebidos como para
destrozarnos.
En este orden:
—Los coágulos en un matadero, ese eco púrpura cuyo aviso
apenas si puede descifrarse
(solo sabemos de su presencia y su silencio insólitos),
—la niñita grabada en la retina del alma, como una llaga, nunca
(así, sin siquiera una
foto) hemos podido bajarle la fiebre,
—el sol casi invariable, que ahora, con el paso de
algunas distancias forzadas, aunque parezca lo contrario,
calienta menos,
—las voces acosadoras hasta el punto de llenarnos de tatuajes
abstrusos,
—las palabras de otras voces perdidas como Dios, para variar,
—la lluvia de siempre, la sequía también de siempre, las flores
hipócritas
(sí) de siempre... todo ese "de-siempre" escurridizo,
—nosotros, los niñitos aquellos apaleándonos, sus balbuceos
(también así, sin siquiera
una foto)
contra la pared de azulejos blancos.
Y demás.

El reloj, a eso voy, se mueve, escuchen su crujido de eternidad,
no deja dormir, ni reproducirse, ni morir por las buenas.
En el fondo, en la esencia, en el corazón del crujido como tal,
ese crujido
es un bulo, pero ahí está, se escucha y
el reloj gira, la manecilla no sale de su esfera y, pese a todo,

---

[1] (De "A LA ETERNIDAD EN PUNTO", inédito).

se repite.
E intento sacarle el zumo, despejar su incógnita, retomar
los rayitos que insisten,
intento, en resumen, repetir las palabras que sirven de poco.
Y cosas así. Todo siempre desde mi grieta.

Así el reloj continúa su marcha inmóvil (y no es un oxímoron),
sigue ahí, con esa marcha de viejo, haciendo como si no fuera
con él,
como si no le importara.

Pero lo extraño no es eso.

Paisaje desde una ventana[2]

Tras los cristales están esas fachadas que parecen máscaras
cosidas al rostro.
Tan cerca que lapidan las pupilas.
Y dentro, o detrás, hay siluetas ocultas; es como si
tomaran el sol azul de las pantallas, como si lo absorbieran con
las bocas abiertas
tendidos en los sofás-ataúdes. Es como si tomasen o
absorbiesen ese
sol azul que les introduce en el cerebro un microchip
y llena el aire de otros circuitos integrados que parecen venir
(el aire y los circuitos)
del Valle de Silicio. O de por ahí.

Entretanto el cielo cuelga. Los pataleos han cesado,
simplemente
cuelga.

---

[2] (De SOÑAR COMO ES DEBIDO CON UNA FLOR AZUL.)

MONÓLOGO CONTRA LA PARED[3]

Me dibujan, por ejemplo, fantasmas en la pared, y la propia
pared
es un fantasma, todo ectoplasmática,
sus grafitis, su dureza, cada una de sus manchas...
hasta la voz con que configuro el relato, hasta la boca contra la
pared
(labios y dientes rotos, todo sangriento) y orinándome de
miedo.
Las cifras se desploman y mi memoria se deja caer por el color
sangre de las
flechas también desplomadas, como el dedo del César, pero en
pizarras
electrónicas.
Apuntan hacia abajo, hacia el pozo donde queda un vago
destello
radiactivo. Destello que arrasa.

Lamo pues la pared llena de fantasmas y veo cómo desaparece,
cómo se transforma en un rostro sin rasgos, cómo cuajan en
ella los errores, cómo
hasta la memoria deja de ser tal y ese lado amargo que me resta
se tatúa
en el alma, sea eso lo que sea, hasta (casi) la mudez.

Escupo dientes, trozos de piel, palabras... como coágulos.
El matadero (¡Oh!) está de fiesta.

---

[3] (Fragmento del poema de A LA ETERNIDAD EN PUNTO, inédito.)

COMO EN UNA EJECUCIÓN[4]

Como en una ejecución redoblaba un tambor
ANNA AJMÁTOVA,
"Poema sin héroe"

"Los condenados a muerte pueden decidir libremente si quieren que les sirvan las alubias dulces o ácidas en su última comida". DE UNA NOTICIA PERIODÍSTICA. — Günther Anders (en realidad Günther Sigmund Stern) utilizó esta cita en la Introducción de una de sus obras. ¿De dónde la obtuvo? Lo ignoro, no da más datos que el que copio ahí: se trata, como deja bien explícito, de una noticia periodística. Por otro lado, ¿acaso importa? Parece ser que es así, o que al menos así fue en algún momento y en algún lugar, y eso debe ser suficiente. Parece ser que, en efecto, llegado el momento alguien va o iba a la celda y le pregunta o preguntaba al condenado a muerte cómo quiere que le preparen las jodidas últimas alubias de su vida. Va y le pregunta o preguntaba eso, así, como si aquello fuera un restaurante, mientras —como quien dice— redobla o redoblaba el tambor allá abajo."

Levanto la vista y el buen tiempo da contra la página, incluso contra las letras que no escribo
pero que igual recrean la celda del condenado.
Mis pastillas para el corazón al alcance de la mano, por ejemplo.
Mi corazón para esas pastillas, inalcanzable en el polvo y en la incongruencia de la eternidad y sus escondrijos,
adonde se accede únicamente con los ojos vendados
y cloqueando.
Y mi olvido que se adelanta como un plato de alubias ácidas o dulces + los
latidos que restan entre
redoble y redoble.

---

[4] (De SOÑAR COMO ES DEBIDO CON UNA FLOR AZUL)

Porque cuando se va a morir puede cantar un pájaro, no haber
ni una nube y soplar
una brisa marina que mueva suavemente las ramas altas
como si nada.
No es necesario que el cielo esté gris, que llovizne,
que caigan hojas podridas sobre hojas podridas
ni que las flores pierdan pétalos sombríos.
Para morir no hace falta ningún atrezo. Ninguno.
Ni siquiera que redoble ese tambor. Ni siquiera ese tambor
que, de todos modos, redobla
ran rataplán ran rataplán   ran rataplán...
Por eso miro con cierta suspicacia.
Ese aire limpio, ¿esconde algo? Y la luz, ¿es luz de verdad?
Ah, y el eco, ¿qué es; qué recoge; qué trae de vuelta?
Estoy atento, pero nada (que no nadie) dice algo.
La multitud pasa con secretos en los hocicos; pisotea
cráneos propios y ajenos; huye como loca de sí misma hacia sí
misma.
Se regodea en el olvido. O en sus rezos. O en sus paradojas.
Para lo cual redobla el tambor
ran rataplán ran rataplán ran rataplán...
algo que siempre ayuda.

La cuestión (dicho de otra manera) es asomarse. Moverse al
infinito sin
mover ni un dedo. Reírse mientras se denigra. O mirar con esa
suspicacia
y reír, como también suele decirse, a mandíbula batiente, pero
sin denigrar.
Porque esto (brille o no el sol y traigan ácidas o dulces las
alubias
o no las traigan) esto va de otra cosa.
Como en toda ejecución.

Nace en Santiago de Cuba en 1947. Ha publicado, entre otros libros, Las cinco plumas y la luz del sol (cuento para niños), The art of growing wings (cuento para niños), Los ángulos del silencio (Trilogía poética), Vivir lo soñado (cuentos breves), Bajo lámparas festivas (poesía), The five feathers (cuento para niños), L'histoire des cinq plumes (cuento para niños), El color de la lluvia (relato para niños, edición bilingüe español-francés), Cuentos de la prisión más grande del mundo (cuentos para adultos), El único José Martí... (ensayo), Family man (poesía), Queridos amantes de la libertad (periodismo), Monologue des confessions (poesía, edición bilingüe español-francés), Orgía del miedo (poesía, edición bilingüe español-inglés, y español-italiano), Procesado en el Paraíso (novela). Su obra se ha traducido a varios idiomas. Es Académico Correspondiente de la Academia de Historia de Cuba-Exilio y Miembro de Honor del PEN Club de Escritores de Canadá.

ORGÍA DEL MIEDO

Todos tenemos miedo
bajo esta lluvia que ha comenzado a caer.
Se nos hizo un nudo en la garganta
la flor que un día inventamos como niños
y no deja pasar la primavera.

Alguien está tocando a la puerta de mi casa.
Viene a provocarme los auxilios rezagados
a citarme para el gran festín de los pensantes.
Y yo no abro.
Me quedo suspirando todavía enmudecido
todavía con los huesos dislocados
con los huesos que se han negado a sostener
mi voluntad.

Alguien me llama también desde adentro
y me atormenta con el derrumbe
de las cosas
que soñé.

Alguien me persigue por la casa
a la hora del baño, a la hora de las comidas,
a la hora de los hijos, a la hora
de dormir con mi mujer
que también me persigue con su miedo.

OTRA VEZ LA GUERRA

La guerra se ha presentado
en todos los rincones
y reparte su desastre, sus despojos
de ancianidad, de vieja guerra.
La guerra de los que quieren vivir la muerte
herida por herida
se ha presentado sin disfraz
y ya nadie duda de su color
nadie de sus costillas malolientes:
La puta guerra se ha presentado
como siempre de espaldas al amor
y yo no sé qué puedo hacer.

Retorno y desamparo

Si salgo a la calle es
para que crean que no estoy preso
entre las olas y una página en blanco.
Si salgo es para creerme que aún respiro
que quiero gritar mi esperanza
de hombre todavía enamorado.
Si salgo no es para que vean que camino
que traigo rodela
y los puños cerrando alguna herida:

No ha sido fácil salir
para cobrar lo prometido.
No ha sido fácil insistir
con la cabeza llena.
No ha sido fácil regresar vacío.

Mayo 86

HOY NO PUEDO RESUMIRTE EN MI MEMORIA

Ya no son las mismas noches
las que un día dejé pasar sin tus caderas
separadas como los dientes en la boca sorpresiva

                       del caimán.
Estoy tocando una trompeta de fuego
desde que fui a beber la muerte en tus orillas.
Cómo pude ignorar
que existías en un pesebre
de hierbas retoñadas.

Es una moneda en la alcancía el sol
entre tus piernas.

No quiero respirar esta suerte
por temor a desgajarla. No quiero pasar
ni dejar que pases con tu cuerpo intacto
en esta angustia de relojes trasnochados,
en esta noche
la misma noche del día
donde vienes a pastar mi desespero.

POÉTICA DE AMOR Y DESENFRENO

La quietud de estos árboles
me dice que no sopla el viento,
que hoy es otra noche de sopor y de vigilia.
En la quietud hay una mata de anón llena de flores,
flores que nacen y caen al otro día. Pocas son
las frutas
de este árbol que protegí de las hormigas,
este árbol que parece no agradecer
ni desvelo ni sudor.
En la quietud
hay otras plantas que no quieren dar más flores:
Yo las riego
yo las cuido
para vivir de su perfume,
yo las riego y las cuido para matar mi tedio, mi miedo, mi
olvido, mi pena.
Puedo decir que tengo un jardín
protegido, sin reproches:
Un jardín que bate su quietud de geometría.

Para qué las horas en un jardín
abatido en su ornamento. Para qué
desperdiciarme en su único color de insomnio
en su escaso latido y agonía.
Hace falta que se vaya en el otoño y vuelva nuevo en el estío.
Hace falta que se vaya este jardín con su espectro de frutas y
flores
Hace falta remover la tierra, respirar y salir de su hemisferio:
Hace falta que surjas tú en la tormenta.

INÉS CASTELLANOS

Nació en La Rioja (Argentina). Cursó estudios primarios y secundarios en su provincia natal en la Escuela Normal Mixta Dr. Pedro Ignacio de Castro Barros.

Desde joven escribió poemas cortos y con marcada inclinación por el arte, curso música en el Conservatorio Fracassi. Igualmente dibujo y pintura obteniendo distinguidas menciones. Con Estudios Superiores de Filosofía y Psicopedagogía y algunos trabajos de investigación, ejerció la docencia en diferentes niveles en tiempos discontinuos.

Desempeño paralelamente y durante 30 años, actividades comerciales en la dirección de empresas familiares del rubro farmacéutico, siempre con un libro de buena poesía en el escritorio como si de alumbrar se tratara...

Superando momentos muy dolorosos por el fallecimiento de su esposo, orientó la vida a una gran pasión: la escritura, ya inducida y orientada desde muy joven por su padre el escritor y poeta riojano Jorge Castellanos.

Desde hace 15 años, con relectura intensiva de grandes poetas, madurez y mayor claridad conceptual, orientó su poesía por cauces más intensos y definidos haciéndolo habitualmente hoy, con genuina entrega...Cree que escribir es búsqueda hurgando en el dolor, en las voces interiores, los sueños, la presencia de la ausencia que la noche intensifica y recrea... "La palabra crea mundos"... En estos tiempos aciagos, siente esa búsqueda como una de las experiencias más intensas de su vida.

1)

Un estremecimiento
Un gesto inicial de pupila despierta,
elevó la luz de la mañana.
Un guiño desde la hierba
me encuentra encendiéndolo todo
frente a horizontes muertos.
¿La naturaleza insiste?
¿Todo viene desde afuera
como agua bautismal y benevolente?
¿O brota de un adentro
que anhela la canción perdida,
su primordial blancura?
Nada sé de la luz que bebo.
Nada sé de la luz que me bebe.
Soy pasto de esa lumbre
Que va dando forma a mi alma...
Y ya no hubo brisa
que no alargara una canción
hasta el vuelo de los pájaros.

II) HOY

Hoy me queman las cenizas
que van enmudeciendo los milagros.
Las manos que no se tienden.
Los brazos que no se alargan.
La sangre que anochece...
Estamos agotados en la geografía del dolor
donde voy poniendo palabras
como hilo vital que me sostenga...
¿Cuándo se escondió la alegría?
¿A dónde se fueron todos los posibles?
Unos miran, todos callan...
¿Quién escucha?
Así se espera lo que nunca llega.
Quizá hoy sea solo eso:
sobrevivir con una plegaria en los labios,
mientras nos esperan piadoso
los amaneceres.

III) NOCHE

¿Dónde rastrear la huella
de fuego milenario,
navegante de estrellas
sin hoja de ruta
estremecida de abismos
las pupilas agotadas
de tanta sed?
Noche madre...
Noche de la noche...
¡Descúbrete!
¡Desvélate!
Devuélvenos el horizonte
robado a la esperanza.
Cólmanos el temblor.
¡Rompe tus cristales!
Es casi el alba...

IV)

Déjame todo el silencio,
su bienvenida, su despedida
Su vibración
comenzando en otro
Déjame la soledad
rebautizando su aroma
tan viva, tan singular.
Vacíame de contornos.
Bórrame los gestos.
Es la mudez muda
mi único ropaje
plegándose y desplegándose
sin vergüenza
hacia el pozo o la estrella...
Gruta del espanto y la maravilla
donde lo vivo extremo,
es también oscura luz.

V)

Escribir es búsqueda con alma.
Asómate al misterio
de una vida que te excede.
Entrégate con angustia de hambre.
Fondea en los escombros.
Gime en la piel del otro atrapada en sus desiertos...
¡Descúbrete!
Desanuda las resurrecciones.
Encuentra en el barro lo divino.
Besa las palabras que nunca alcanzan,
y escríbelo...
¡Escríbelo si puedes!

JUAN C. MIRABAL

Poeta y fotógrafo nacido en Cuba. A los veintidós años publicó sus primeros poemas en su país natal, poco tiempo después emigró en balsa a los Estados Unidos. Poemas suyos han aparecido en revistas culturales impresas y en medios digitales en USA, España, México y en diferentes antologías.

Tiene publicado el libro de poesía "Rehén de las olas" con la editorial Cambridge BrickHouse, el cual presentó en la edición 37 de la Feria del Libro de Miami 2020 y "Conjuro de Diamante" con la editorial Primigenios. Reside en Miami con su esposa y sus tres hijos.

EL RUISEÑOR EN LA MALETA

A José Hernández Figueroa
y a mi queridísima familia

La puerta se va con el caminante,
lo sigue como una madre llena de brazos,
él la carga en su espalda como a un enfermo.
En el día doloroso un pestañazo de sol ocupa los horarios.
No lo convence del regreso,
pero le habla de los cielos de arena.

Al caminante le crece en la cabeza el horizonte.
No ve la bienvenida, el vaso de agua que lo espera.
La mejor muerte que se escapa sin ser tocada
por ninguna canción.

Si el caminante no regresa la puerta no se cerrará,
el rostro cosido de arrugas como tierra entre ríos,
el ojo de agua en que abreva la noche, puente de tierra y nube;
olvido y muerte en un mismo espejo sin mirarse
fraguando el oro que no se gasta.

La puerta prefiere seguirle en su olvido alegre
a quedarse entre los ecos de un nombre,
el golpe de unos pasos que demoran,
la hiedra sin frutos que atestigua.

Sin soñar los sueños del ausente,
sin la posibilidad de hacer camino a los vientos,
de ver sobre la mesa
el mundo.

EL NIÑO DEL BASTÓN

A Lídice Megla

En los sueños el sol era un muro muy alto,
en su esperanza la oscuridad
se destejía como un ojo de arena.

Cada palabra era un libro.

Decía "luciérnaga" y la luna vibraba en su constelación.
Al susurrar "faro", "lluvia", "hormiga", "velero"
un papalote latía en sus visiones.
Los pasos amigaban los caminos,
le acercaban el horizonte.

Cuando su madre lo abrazaba olía el mar,
el viento le escribía el nombre de las flores,
el caligrama de la espuma.

La brisa deletreaba el escándalo de la cebolla,
la juerga del café, el silencio de la paloma,
el pan al horno, el tomillo en la ventana;
la risa de sus amigos
como un Braille de colores.

Cada sonido era la ola breve
desnuda de su universo mágico y solo,
un pentagrama impalpable de íntima luz.

Supo abrir puertas al silencio
y el silencio era la puerta.
Dormía.
La noche le caminaba alegre de oreja a oreja,
sobre un pájaro su calma encrestada
en un tímpano de insomnio.
Supo que los gallos no eran trenes,
que los trenes no eran cascadas.
Supo del goteo de campanas por una niña en la sombra.

Supo que la muerte es el arca de Dios.

Horas después de salir del quirófano
vio entre la neblina vencida, por primera vez,
la sonrisa de su madre.
Luego los relojes y los animales del espejo,
el pelo suelto de las muchachas,
la rosa herida en la garganta.
Los ojos de su perro.
El hambre de los lobos.
Las soledades.
El mundo.

HORA CERO

La luz se acumula.
Anega y vierte formas nuevas.
El tiempo reposa y espera su cosmos
insaciable de armoniosa sepultura.
Su tren caracol de orquídea inasible.
Un gran destello dimensiona el obseso paladar
que retiene el modo hondo de la nada
cuando el oro de la muerte es transparente
y el silencio se salpica de diamantes.

La luz desciende.
La tierra liba las sombras.
Todo es cintura al mediodía.
La lluvia muere alegre
y entierra sus racimos
en la hora invisible.
Todo crece.
Nada se mueve.
La luz se descuelga
y el tórrido sol pinta
con transparencias
el inmóvil jolgorio
en un silencio lleno de milenarias bocas.
Todo, en la sublime intemperie de la luz, sobresale.

Desde el anonimato la nitidez se expresa
sobre la unicidad y el tamaño ausente de las cosas,
donde la quietud es la auténtica música del asombro.
Pero el mediodía no es morada ni refugio.
La luz bebe de su propia fuente.
Y en la víspera soterrada,
también con mudo escándalo,
la noche se entretiene escondida sobre las cosas vivas.

No hay prisión cuando el tiempo hipoteca el olvido
y el mediodía no es cerrojo
sino colimador de la luz,
asueto de la cotidianidad sin urgencias,
semilla preñada de indescifrables jeroglíficos.

Al mediodía las puertas se sacan de adentro
cada árbol de la memoria,
cada campanada del alegre visitante.
Cada árbol entrega su porción de lluvia.
Cada pez mira su brillo multiplicado detenerse.
Ningún pájaro sobra y la distancia empalaga.

A las doce el patio del cielo no tiene escaleras.
El escondite de la muerte es plural.
La muerte,
que ha regresado siempre condecorada del eterno paisaje,
se queda sin casa:
la Cruz está vacía.

El mediodía es levadura nupcial.
Repuesta candorosa.
Asedio del fin reiterado que comienza:
La huella del tiempo no se establece
cuando la creación esconde sus plumas
y el ojo del desierto como una paloma
atraviesa el horizonte.
Mordida de antorchas la noche esculpe abismos
en que la sed del tiempo palidece
y el Hombre es punta del triángulo perfecto.
Mayúscula paralela del umbral,
espiga en el lucero.
Espiga de eternos girasoles que no se callan
el drama excelso y viril de la existencia.

Al mediodía el sol tiene descalza la espalda
y es sándalo de dos orillas.

La noche duerme
como un pájaro en una gota de resplandor.
Todo es cerca.
La lejanía se evapora.
El adiós contiguo se detiene.
Entonces el silencio entrega a cada insomne su canastilla,
su curso de manantial incorpóreo colmado de estrellas.
El reloj ríe sin ademanes con su corbata
gemelo del ojo herido
cuando la tarde echa a correr como un papagayo,
y el coral verde de la tierra despierta sus relámpagos,
el reverso de la gran hora del insomnio,
el ágape inmóvil del comienzo.

Al unísono las preguntas desaparecen.
El tiempo se queda solo.
Sin memoria.
Sin olvido.
El rostro del misterio ya no es el acertijo de la culpa
y los serafines del destierro vuelven a servir la mesa.
Son las doce.
El tiempo se acerca a su hora más ausente,
a su remedio más antiguo,
en que la lejanía del cielo
es tan breve y tan cercana.

Todo se multiplica,
desaparece en la permanencia
colmada de crepúsculos que son bocas.
De hombres que son almas.
En la hora alta los puntos cardinales son uno.
El mediodía mira en todas direcciones
como el cráneo cerrado que rastrea la luz,
como el espejo pendular de la inmanencia,
la fiesta ovalada del albor que emerge
y extiende el mar de la belleza.
Flecha redonda donde late la existencia
su estirpe áurea que no se apaga.

La puerta de la esfera
es madre de incontables universos,
instantes llovidos sin pausa de soles y lunas
en la plenitud de la sed y los nombres.
El badajo que fue látigo o puñal, en esta hora, es ala.
La pesada rueda, agua del bautismo.
La noche más larga, transparencia.

La muerte que nació con nosotros
fecunda se despide
y en sus exequias la eternidad otra vez se consuma.
Son las doce.

La breve semilla de nocturnos balcones
destraba el nudo de siglos interminables.
Y eclosiona la intacta primicia de la trascendencia
su danza viajera entre el fuego y el agua.
Son las doce:
Transcurre imperceptible la caligrafía del cielo.
Parpadea el universo su abecedario.
El auténtico cero de la plenitud
no se divide.

LÍDICE MEGLA

Camajuaní, Villa Clara, Cuba. Reside en Canadá desde 1999. Ganadora de varios concursos de poesía. Entre sus poemarios está, *Tú la Bestia, Totémica Insular, Mujer sin Paredes, La oración que trae el viento, The Third Road: Winterly Poems from a Cuban in Nanaimo,* y la colección bilingüe *El Nombre Secreto de la Flor/The Secret Name of the Flower.*

NUDO

Me he anudado al fósforo en el que transcurre el día,
a su maravilla volátil.
Como un licántropo chupo la luz.
La testa del cielo reflejada en el agua.

Todo es mientras somos sin parar
y el mar nos arrebata con su espuma el nombre del viento,
lo esconden los astros,

y quedo inmóvil, hojeando el día,
con el espíritu desolado de una cara ante el grito de un
páramo,
oyendo tu nombre...

Tierra, no puedo escribir nada

Las palabras, como árboles quemados,
gritan contra el viento, ¿Por qué haces que pueda escucharlos?
Tierra, no puedo escribir, sin embargo,
escribo tus instantes cuando traen su propia muerte,
y son de una belleza terrible cuando traen su anonimato, como
el mío, intocado...
Tierra, como flor de trigal, me arrastro en tu gavilla, y no
escribo nada.
Conmigo arrastro palabras, porque cualquier hora es la hora
marcada.
Hora interminable, salvaje, enmarañada,
como un gigantesco dinosaurio floreciendo mudamente en ti,
Tierra,
no puedo escribir, sin embargo, escribo furiosamente,
como una noche que llega cubriendo todas mis palabras son
telones.
Es inútil escribir -todo escribe a mi alrededor
quiere contar su historia mientras escapa mi tinta,
Es un hecho brutal, atroz, aislado, sin eco, a causa de escribir
sin poder
una escritura no escrita es una tortura, la palabra, esta emoción
se extenderá más allá de sí misma, hacia el infinito, (no me
necesita),
hasta que se comprenda en la tierra algo como el amor,
lo intraducible de la vida.

DANDELION

Pensé en un poema, en cómo se teje.
Pensé en la abeja, su dádiva.
Pensé en la belleza del taraxacum, su despeinada volatilidad,
frágil bomba de tiempo; haber acompañado al viento,
 a la hierba, haber salido de la tierra, por último, haber
regresado a ella.
Y estuve ahí flotando, soltando también mis pétalos
como si valiera la pena existir en esta tierra, cruzar el tiempo.
La flor es otro modo de mujer.
Germinar, nacer, no quedarse por mucho tiempo con la vista
fija en un solo sitio;
vivir, porque la vida tiene un triunfo y la muerte tiene otro.

Cuando Absorto el Mar

Un agua pertinaz, irredimible en el horizonte,
se lleva mi sombra.
Mi sombra, irremediable sendero de todas mis partes:
Mis partes, estrujón de tirillas consumadas en las coreografías
diarias:
Coreografías diarias, calendario angosto donde se guarda la
duda:
La duda, remojada de signos sobre la cúspide suprema de la
ola:
La ola, cuando absorto el mar, sombra que se pasea por la vida
como si la muerte no existiera.

EFÍMERAS PRESENCIAS

Abro la ventana más allá del tiempo.
En el vidrio hay una mujer.
La mujer y el tiempo se miran largamente,
tal vez por un eón,
hasta que claroscuros y semitonos confirman
el tono crepuscular de la vida,
hasta que el día cuaja y escancia su plasma haciendo estallar
la noche aciaga,
hasta que la fugacidad los destierra a las cóncavas corolas
del sueño.
Súbita, la mujer sale del vidrio.
Parece otra a la que miles de efímeras presencias convocaran,
(no sé a dónde); el sueño ha de tener el espesor del viento...

ALBERTO MONTERO

Nace en La Habana, Cuba en 1972 rodeado de un ambiente literario y musical que propicia su inclinación a las letras. Durante su vida como estudiante participa en varios concursos literarios en la categoría de cuento. Lector incansable, su obra ha sido influenciada por autores clásicos y contemporáneos de dentro y fuera de Cuba. Culmina sus estudios de medicina en el año 1997 y en el año 2004 decide abandonar la isla rumbo a Colombia donde vive por tres años para luego definir a Miami como punto de destino para su vida personal y profesional. En el 2015, su cuento "Resto de un verano" fue seleccionado en la categoría de minicuento como parte de la antilogía publicada con motivo del I Certamen Mundial Excelencia Literaria MP Literary Edition (EE UU). Su poesía ha sido publicada en las revistas literarias Metaforología y Nagari y en el 2016 ve la luz su primer poemario "Sol de Nadie", con el cual fue invitado a participar en la Feria del Libro de Miami 2017. Ha sido invitado a participar en antologías como: "Sin mar por medio", "Impertinencias de la dípteras" "Flores de youtan poluo".

LEO LA VIDA ENTRELÍNEAS
la que se escribe
con la tinta que la tarde deja:
palabras que hilvano
mientras inicia febrero.
Que nadie me explique
- murmuro -
he tenido noches sin desnudez,
sangre sin martirio,
venganza sin la complicidad del polvo.
Les injerto en la boca algún ruido
y me curo de tantas páginas vacías.

REGRESAS A LLENARME DE PÁJAROS
el pecho,
como una isla en gritos,
con la piel del más inocente
de mis versos.
Te veo replantar el jardín a zarpazos,
contra el viento de la cuaresma,
bajo este sol,
fondeado en abril.
Regresas,
y la vergüenza no sabe buscarme,
me deja remansado
bajo tus pájaros:
libre de ambages y metáforas.

EL CORAZÓN VA LLENO
de pellizcos,
amante de la gota,
usado por la noche
como himno de batalla,
insomne ante Dios.
Atrás queda su espiral de sombras,
el redoble con guantes,
la media vuelta revolviendo el polvo.
Se desparrama en cada recorrido,
le gana al remordimiento:
tormenta al otro lado del mundo.
No le queda geografía para tanta distancia.

LA CARRETERA SE HUNDE
en algún punto del cielo:
vértigo que todos bendicen.
El verbo apenas se abre,
temeroso del que el volante
se beba mis manos,
que la tarde sea
el mismo matadero.
Nada me apetece más
que unas gotas lluvia,
la cuaresma se me hace seca,
llena de campanas
y motores sin rumbo.

LA LUZ DOBLA LA ESQUINA
respira como un poema de nubes,
el pueblo huele a incienso,
trepida bajo cien tambores.
Un puñado de loros parlotean,
entre los árboles,
compiten con el cornetín de las cofradías:
abrazo verde de plumas
y huesos.
Cada camino improvisa el pasado,
a pesar de la nueva palabra,
a pesar del hambre de memoria.

CARLOS NORBERTO CARBONE

Nació en La Matanza, provincia de Buenos Aires, 1959.

Ha publicado los siguientes libros: "Poesías para decir presente" (1983); "La llegada de los hombres" (1984); "En la huella del hombre" (1986); "III Antología de poesía joven argentina" (1988); "Antes que el viento se apague" (1989); "500 años del descubrimiento de América" (1992); "La otra voz" (1993); "De andenes, lluvias y otras melancolías" (1995); "10 años sin Borges" (1996); "Variaciones sobre la noche y otras oscuridades" (1999); "Testigos de tormenta" (compartido, 1997); "Cuerpo de abismo" (compartido, 1999); "Bodegueros del diablo" (compartido, 2004); "Seis son una jauría" (compartido, 2006); "Pasajeros del penúltimo tren" (compartido, 2007); "Doce ciudadanos + Uno" (2008); "Áspid" (2011).CARMA (2014) MIRADAS DE FUGA (2016) MARCA (2017), Poesía Argentina Contemporánea, TOMO I Parte Vigesimocuarta (2018). Bardos y Desbordes II (2019) Otras Miradas Otras Distancias (2019). Pandemialma (2021), IV Convocatoria ruinas circulares (2022).

Integrante fundador de la sociedad de los poetas vivos. (carbone/ levy/ mandrini/ toscadaray / silber / espel)

Dirigio la revista electrónica "la bodega del diablo" (2001/2010) dirigió la editorial eco ediciones (2004/2011)

Primer premio poesía bicentenario de Morón (1985) primer premio poesía, concurso poemas de amor universidad nacional de España (2005). Fue traducido al italiano, francés, árabe, turco, ruso, bengalí, catalán, entre otros.

Participo en los siguientes programas radiales: el patio del alma, historias de sol y sal, psicopoesía.

Correo electrónico ccarbone71@gmail.com

TODOS LOS POETAS

Todos los poetas tienen el hígado graso.
Todos los poetas tienen una mujer de bellos ojos.
Todos los poetas tienen un perro que le ladra a la luna.
Todos los poetas van a la misa que se da en viejos bares.
Todos los poetas hablan con la boca llena.
Todos los poetas aman a los caballos lento.
Todos los poetas mueren un poco los días jueves.
Todos los poetas llevan a un niño en los hombros.
Todos los poetas descubren baldíos dentro de su pieza.
Todos los poetas huyen de sus miedos y de su sombra.
Todos los poetas desconfían de los perfumados y prolijos.
Todos los poetas son lluviosos por dentro.
Todos los poetas son hermosos de a ratos.
Todos los poetas tienen duelos con la muerte.
Todos los poetas beben del zapato de su amada.
Todos los poetas cocinan magistrales pucheros.
Todos los poetas tiemblan ante las piernas soñadas.
Todos los poetas tienen sueños azules.
Todos los poetas son exagerados y tímidos.
Todos los poetas amanecen buscando la palabra que los salve.

LOS POETAS DE LA OTRA CUADRA

Los poetas de la otra cuadra dicen que tienen
una metáfora
están emocionados con el hallazgo
pero no saben bien qué hacer con ella.

La miran como si fuese un perro azul
los asusta por las noches como un fantasma
se sienten inseguros
                              frágiles
                                          inquietos.

La leen en voz alta y el viento los despeina.
La gritan en la oreja del amanecer y los gatos flotan
                              por las terrazas.
La declaman en los bares y llueve una dulce ginebra.
La huelen con desesperación de amantes y tiemblan
                              como niños.

Los poetas de la otra cuadra dicen que tienen
                              una metáfora
cuando solo tenían sueños
                    eran felices.

CAZADORES

El camarógrafo se acerca al león
es encantador ver el entusiasmo por su toma
cada vez más cerca de su presa.

El poeta se acerca al poema
es encantador ver el entusiasmo por sus palabras
cada vez más cerca de su presa.

El camarógrafo sigue al león
El poeta sigue al poema.

El león merodea y de reojo mira su presa.
El poema merodea y de reojo siente el calor de su presa.

El camarógrafo se queda sin aliento
cuando el león avanza sobre él.

El poeta se queda sin aliento
cuando el poema entra en él.

El león salta sobre el camarógrafo.
El poema salta sobre el poeta.
El camarógrafo huye.
El poeta no.

JAQUE MATE

Papá siempre me ganaba al ajedrez.

Un día hicimos tablas, otro día le di jaque mate
y nunca más pudo ganarme.

Papá
se estaba poniendo viejo.

Ese día lloré.

México, 1959. Poeta, (19 libros de poesía) narradora, (4 novelas, 1 biografía y 1 libro de cuentos) Periodista y promotora cultural. Editora de Cadáver Exquisito Literario.

Su poesía ha sido traducida a 19 idiomas. Cuenta con numerosos reconocimientos a nivel nacional e internacional, entre ellos: Premio latinoamericano de Literatura Jorge Calvimontes y Calvimontes 2016 por la novela: Una sombra en el Valle. Premio Nacional de poesía Nezahualcoyotl, México, 2015 por el libro: Pétalos de Fuego. Residencia de autor por tres meses en Shanghai otorgado por la Sociedad de Escritores de China. 2013. Doctora Honoris Causa por la Universidad de Tumbes Perú. Ha sido invitada a Festivales de poesía en América, Europa, Caribe, Oriente Medio, África y Asia.

DIME AMOR[5]

¿Qué harás

Si sobrevivo sin ti a la furia de la noche,
y desnuda atravieso entre balas
este campo minado de recuerdos,
si descubro un aljibe de amor en el desierto
y a solas bebo en la noria de las ansias?

¿Qué pasará amor
Si mis pies a seguir tu huella se afanan
y mis manos en perseguir hojas al viento,
si convierto atormentadas nubes en llovizna
y desquebrajadas olas en manso huracán.
Si mi voz repite que te amo en la penumbra,
y tus besos es lo único que quiero?

Si busco tu nombre en el sueño que se extingue
y tu aroma de violetas mientras duermo.
Si al probar la madurez de mis mares
tus labios enmudecen de ternura
y de tanto amor se desorientan las gaviotas
que descubren al vuelo el secreto que nos une.

¿Qué ganaría
Por coser atardeceres al diván de tu regazo
ofreciendo devorar a besos la nostalgia
mientras someto torbellinos corazón adentro.
Si vendiera como espejo mi rostro en el mercado
y dibujara tu imagen en el corazón de mis entrañas
para que pueda este poema soportar tanto tormento?
¿Cómo continuar
Ahora que la ausencia es la única que ama
en esta soledad congelada de suspiros.

---

[5] De "Nostalgia de Vida" 2005
Ed. Unión y UNEAC, La Habana

Si no hay más desiertos ni lluvia en mi alma
y tu recuerdo es oscuridad sobre mis ojos?

¡Dime amor cómo recuperarte!...

Tal vez regando mi piel por los caminos
hasta ser cadáver mezclada con tus huesos.

LA CASA[6]

Llegó el momento de partir
el hogar en dos.
Bien:
comencemos por los rincones donde las arañas
tejieron también su historia.
Hablemos de los muros y sus cuadros.
¿Cuál eliges?
¿El del día de la boda,
el retrato de la niña
o el de vacaciones en verano?
Quiero el antiguo bodegón
para recordar las comidas familiares.

Mira la casa:
permanece ahí de pie
pero sin alma.

¿Con cuál alcoba deseas quedarte?
¿Aquella donde los gemidos
alguna vez fueron música perfecta?
¿O el cuarto azul
donde echó raíces la cuna para siempre?
¿O el jardín
donde todavía se columpian las sonrisas?

Deseo la terraza,
esa roja plataforma de minúsculos ladrillos
donde lluvias y palomas encontraron su refugio,
donde todavía transpiran las estrellas
y no hay sombra que oculte los engaños.
Te regalo los espejos
saturados de susurros, ecos familiares,
desfigurados rostros

[6] De "Vino Rojo" 2003
Ed. Unión y UNEAC, La Habana

que hoy se desangran en reproches.

Pero tienes razón:
tal vez aquí ya nada nos retenga.
A la frontera tal vez llegamos
entre el amor que vacila y las cenizas.

Viéndolo bien,
no puedo partir en dos la casa:
te la regalo toda
con todo y promesas de futuros sublimes.

Como cortinas viejas
te regalo lo que queda:
este cielo sombrío
y este desvencijado viento
que dejaste al cerrar la puerta principal.

RESUCITADO RECUERDO[7]

Hoy resucitó un dolor maldito.
Te vi cruzando la calle,
tranquilo,
sin prisa.
Apenas nos separó el aliento,
busqué tu mirada.
Casi probé tus caricias.
Volteaste el rostro,
ella se acercó suavemente,
tejió sus dedos entre tus manos
y una sonrisa en común brilló.
Retrocedí nerviosa.
Mi mente voló a otra fecha:
la misma calle,
la misma hora...
Tú, yo. Ella al acecho.
Alucinaron mis ojos,
recordé cuando eras buitre volando
en círculos de aurora tras mi negra cabellera.
Volví a sentir el fuego de tu sable
y tu boca hurgando en mi boca.
El llanto reventó en mi cara,
congeló mi sangre.
Se entumieron mis manos...
Tú, ella. Yo en el olvido.
Me di la vuelta,
caminé con prisa.
vomité tu nombre en la siguiente esquina.

---

[7] Del libro: moradas mariposas. UNEAC Y UNIÓN, colección sur 2002

MILLONES LUZ

¿Qué hago con estos pies de piedra
parada en la rivera de los buenos días,
a cien metros de tus ojos
a cien años luz de tu corazón?
¿Qué hago con estos labios
llenos de estaciones vacías
a la espera del beso
a cien metros de tus ojos
y un millón de años luz de tu boca?

O con estas manos de barro
deseando al alfarero que les de
calor y forma?
Cómo llenar este pecho de luz
que apenas respira?

¿Cómo hacerte comprender
qué a las rocas no les crecen plantas,
por más que las bañe el río?
Que ni el mejor aprendiz de mago
le dará vida a mis labios,
y mis manos desterradas de tu cuerpo
se volverán cemento,
y ni el más radiante sol
llenará de aire y luz mi pecho?

Porque todo mí
pulmones,
hígado,
páncreas;
toda yo
me tienes a cien metros de tus ojos
a mil hectáreas de tu boca,
a mil millones luz de tu vida.

SANDRA GUDIÑO

Nació y reside en la ciudad de Santa Fe de la República Argentina. Poeta, narradora oral escénica, activa en la docencia de francés. Ensayista en ese idioma. Diplomada en género desde la perspectiva de los derechos humanos por la UTN Regional Santa Fe. Diplomada en Mediación Cultural de la UNGS. Susurradora en intervenciones poéticas.

Es madre de dos hijos. Publicó tres libros de poesía: Desnuda (Mar del Plata 2014, Lágrimas de Circe) declarado de su interés por la Honorable Cámara de Diputados de la Provincia de Santa Fe; excepto amarte (Mar del Plata 2015, Lágrimas de Circe) y Núcleo su tercer poemario editado (Santa Fe 2016, Editorial de l'aire). Su cuarto poemario Ni hippie ni limonada se encuentra en edición. Es miembro de honor de UNILETRAS. Forma parte del Colectivo de escritoras feministas santafesinas TRAZA, como así también de Las Fridas de Barcelona y el Mundo participando en el 3° Círculo Internacional de Poesía y Arte Mujeres Puños Violeta y Poetas por el Aborto Legal Argentina. Pertenece a la Comisión Directiva de SADE Filial Santa Fe. Continúa su formación en Talleres Literarios de Santa Fe Capital. Ha recibido premios, menciones y distinciones en concursos nacionales e internacionales. Cada año publica poemas en numerosas Antologías Literarias nacionales e internacionales, también en medios digitales. Participa en Encuentros de Escritores y Ferias del libro presentando autores santafesinos como integrante de Cultura de Santa Fe. Cada poema es un punto de encuentro y cada libro un vínculo que merece frecuentarse. Sandra Gudiño escribe para honrar la vida.

OTRAS

Hay más
muchas más
demasiadas

Están afuera

A veces llueven
como los hombres de negro
en el cuadro de Magritte
Algunas están húmedas
depende del sol a mediodía
de las nubes sobre todo
del viento del este

Siempre desnudas
otras trabajan juntas
como abejas en la misma colmena
esas zumban
cada vez que duermo

¿Cuántas más que yo hay en mí?

Soy otra
Varias
Muchas
Líquida fluyo
por las venas del lobo

SILENGUAJE

Siempre supe quedarme sola
El olor redondo
de mi página en blanco
abre puertas a la jaula
Permanezco en el universo
del ojo desnudo
(el ojo mira/ el mundo fluye)
percibo lo que es
también lo que no es
Intento traducir
intermitencias de luz
en el pecho
mientras otoño
se desnuda amarillo
desde el árbol
El silencio escribe
(Cada palabra
es el comienzo
de un nuevo silencio)
De vez en cuando
dejo que los ojos
recorran la mirada en el espejo
y cuando estoy agotada
de tanto esfuerzo
permito que la palabra
acoja mi cuerpo
Entonces encuentro el modo
de llenar el silencio
sin romperlo

APENAS PÁJARO

Cuando hace gris
y siento ese frío
huérfano de abrazos
pienso en los pájaros desprendidos
de mi camisa abierta

Esta boca que antes dudó
y no pudo
se abre

gorjeo

ritmo bordado a mano
inocencia sin bastidor

Entonces regresan

ojos y pico
regresan

Presa   en el deseo alto
                    de un cuerpo
caótico
descontrolado
salgo   de golpe
                    de negro
                    tan corto
tironeo   tironeo
hacia abajo
y que se note

salgo   red
                    adherida al frío
                    hasta los tacos

tan sola
tan ajustada
tan húmeda

que alguien me defienda
de mí

GUSTAVO TISOCCO

Nació en Mocoretá –Corrientes- Argentina.
Tiene publicado los poemarios "Sutil", "Entre soles y sombras",
"Paisaje de adentro", "Pintapoemas", "Cicatriz", "Rostro
ajeno", "Desde todos los costados", "Terrestre", "Quedarme en
ti", "Reina" y "Hectáreas" (libro publicado en Madrid, España)
"Perla del Sur", "Entre ventanas" y "Nueve poemas" ; así como
los Cd "Huellas", "Intersecciones", "Corazón de níspero" y
"Terrestre".
Participó de diversas antologías tanto en Argentina como en
diferentes partes del mundo. Asiste a encuentros nacionales y
asistió a festivales internacionales en México, Perú y Nueva
York como invitado.
Creador y director del sitio MISPOETASCONTEMPORÁNEOS
desde el año 2006

EL NIÑO
no quiere dormir la siesta
y se escapa al río,
pese al Pombero
al dueño del sol,
se escapa al río.

El niño zambulle
y se transforma en pez
y baila en el fondo
azul y mineral de su dicha.

El niño olvida su casa,
de cómo retornar olvida
y ya no le importa.

La madre cada tarde todavía llora
cuando mira al pescador
cada tarde llora.

LA SERPIENTE AMABA AL GIRASOL
-ambos se amaban en esa lejanía
de arena y sequía-
y todo era vida pese a la sed.

Hasta que la mano cortó la flor
y la serpiente mordió al hombre.

Ahora todo es muerte
aunque esté lloviendo.

MUCHOS HOMBRES LLEVAN MI MARCA
y andan por ahí
recordando mi canto triste
indagando esos rincones que conocíamos
y andan flotando o cayendo
por enormes trampolines
y son trapecistas
o felinos
o migajas.
Esos hombres marcados
tienen en su sangre la derrota y la victoria,
el desdén y la esperanza,
el hambre y la saciedad.

Es una marca imborrable
a fuerza de pasión y entrega
tatuada desde el mismo miedo, la cobardía,
la resignación.

Yo también quedé marcado
y es cada vez más triste mi canto.

LOS BRAZOS CRUZADOS
las manos sobre sus rodillas
y esa mirada del gris más triste que tengo memoria.

Ahí, debí abrazar a la abuela.
No sabía que decirle
-cómo explicar cuando le arrancan el hijo a la madre más
madre-.

Su mantita color menta sobre su espalda,
el silencio atroz en toda la casa
y su cuerpecito acurrucado como rezando.

Ahí debí abrazar a la abuela.

Pero no sabía qué decirle.
Nunca más supe
            nunca más pude...

Luís Ángel Marín Ibáñez

Nacido en Zaragoza, con residencia en La Palma desde hace 35 años, Licenciado en Filosofía y Letras. Poeta muy original, al fundir la razón, el delirio y el ensueño en el poema, haciendo del instante y la imagen el epicentro del poema, en un soñar y no soñar a la vez...en una lucha entre el Ser y el No Ser. Tiene 13 poemarios publicados. Entre otros premios ha sido ganador del Premio "Platero" de la Organización de Naciones Unidas, Premio Instituto Cultural Latinoamericano de Argentina, Premio La Porte des Poétes de Paris, Premio Centro de Escritores Nacionales de Argentina, Lating Heritage Foundation de EE.UU., Certamen de poesía en castellano Tamariu, Premio Certamen Internacional de Poesía Lincoln-Marti de Miami, (Estados Unidos), finalista en Premio de la ciudad de Segovia y Villa de Madrid...etc. Académico de La Academia Norteamericana de Literatura Moderna Su obra ha sido traducida al inglés, francés, italiano, rumano, portugués, alemán, japonés y chino. Integrante en más de 20 antologías poéticas de la lengua española.

Luís Ángel Marín Ibáñez
1 de marzo de 1952
D.N.I 17428277-G
Avda. El Puente 27, 3A
38700 Santa Cruz de La Palma
(Tenerife)
luisamariniba@yahoo.es
Telf. 649561765

ÓPERA PRIMA

No era la luz lo inconcebible eran pedazos de muerte
transitando de orilla a orilla sobre un doble silencio.

Las transparencias forjaban la sensación de una aurora
equivocada y la ebriedad hacía de códice legislador.

El sosiego con sus frutos prisioneros
daba la sensación de una bruma
con impurezas heridas por el barro.

La oquedad tenía miedo de mirar a sus adentros
al igual que el pan de medianoche
cuando el espanto repite la misma campanada.

Pero todo es relativo −Einstein lo dijo−,
y pensé que el cerebro humano había olvidado
el punto de partida, sin darse cuenta
que la Libertad es un ángel con las manos atadas.

En el borde del mundo

No soy amigo de la hoguera cubierta de satén, ni de estar colgado
del trigo de los árboles, me embriaga la mirada de Ingrid Bergman
cuando se convierte en libélula y el clamor de los calabozos teñidos
por la mirra.
Adoro el astro que no pudo copular con la estrella y fue su amante
durante un millón de siglos, el concierto inacabado de las pirámides, la
fecundidad del memento que levanta su torre en el crepúsculo, pero
nada más bello que ser parte del jardín de los condenados.
Mi luz se convierte en el barro predilecto, el atril donde Bette Davis
recita los poemas, un caballo herido por el viento y el mármol que
roza el augurio de la íntima exigencia.
Creo en el enigma escanciado por la encina, que renuncia a la Muerte
para ser el señor de las amapolas, y en la belleza que ha perdido
su juventud, pero sigue siendo la reina de los capiteles.
Hijo de la tristura, me siento atropellado por la golondrina, los suspiros
son robustos como un milagro y las lágrimas piedras de café que
bordan lo etéreo. Sentir las profecías de Louis Armstrong fue mi bosque
sagrado y la Ausencia un grito de claveles en el corazón de los pájaros.

Opera prima

El silencio de la Libertad es la libélula
montada sobre la mariposa,
la noche incapaz de abrir el fuego
de los cristales que atisba la hondura
con voces en el exilio,
como si fuese un murmullo
que ha perdido su estandarte:
ese manantial cubierto de sabiduría
dormitado en las escaleras de una catedral.
El silencio de la Libertad galopa
por el hueco del vacío,
relincha en las agujas del reloj
pero se siente inmóvil ante el relámpago,
y cierra los ojos para no contemplar
los arbotantes de la Razón
y las verjas que entierran la luz en el Poema.
El silencio de la Libertad recuerda
un billete de andén
que espera el tren que nunca llegará,
con la tristura oculta entre los signos
donde la Plenitud se siente diluida.
El silencio de la Libertad
fue herido de muerte hace un millón de lustros
por invisibles arabescos,
sólo quedan sus arpegios y pedazos
de tinta colgados de las sierpes,
—el sol y la luna lo revindican—,
el silencio de la Libertad es la utopía del hombre,
la homilía del mar y el silbo de la Ausencia
fundido en los metales

EL GRITO DEL MAR

No era la noche
era el propio Vermeer quien
envolvía sus colores en la oscuridad.
Las lilas permanecían dialogantes
como si Alejandra escanciase sus perfumes.
El sueño de Milton recordaba
un juego de banderas y la flor
cortada en el Paraíso de las sombras.
Whitman paseaba entre Brooklyn
y Manhattan sin poder encontrar
las hojas de la hierba.
Mallarme incapaz de dormir
buscaba el quinto punto cardinal
en la pureza de lo invisible.
Desde la hondura Federico cantaba seguiriyas
y el aire tintaba los signos de la Muerte.
El Jarrón de flores sobre la cómoda
tenía el embrujo de Bodelaire y Lautréamont
se columpiaba en la lámpara.
El Silencio era todo de Holderlin
y el sueño sin soñar de Novalis.
No fue una noche cualquiera,
fue la ceremonia donde la Vida
auscultaba los pasos de la vida:
levantó el telón de los poetas
y el grito de lo eterno se hizo sol y luna.

ANDRÉ CRUCHAGA

Nació en Nueva Concepción, Chalatenango (El Salvador), en 1957. Tiene una licenciatura en Ciencias de la Educación. Además de profesor de humanidades, desempeñó la función de director y docente en Educación Básica y Superior. Poemas suyos has sido traducidos al francés por Danièlle Trottier y Valèrie St-Germain; al Idioma vasco (Euskera), Miren Eukene Lizeaga; griego, lia Karavia; holandés, Michel Krott; rumano, Elena Liliana Popescu, Alice Valeria Micu, Elisabeta Botan, María Roibu, Tanase Anca, Ioana Haitchi, Andrei Langa, Costel Drejoi (George Nina Elian), Ion Calotă, Daniela Toma; catalán, Pere Bessó; portugués, Tania Alegría; inglés, Grace B. Castro H. y Dumitru Ichem; italiano, Norberto Silva Itza; al albanés, Fahredin Shehu; sueco e inglés, Cándida Pedersen; y, al Serbio, Marija Najthefer Popov. Ha obtenido el Premio de poesía en los VIII Juegos Florales de Zacatecoluca, El Salvador, 1985; PREMIO ÚNICO en los VI Juegos Florales Chalatecos, Chalatenango, El Salvador, 2001; y, el XII, en los Juegos Florales de Ahuachapán, El Salvador, 2005, Primera Mención de Honor, Juegos Florales de San Miguel, San Miguel, 1988. Primera Mención de Honor, Juegos Florales de San Vicente, San Vicente (2001); Finalista. Primer Concurso Internacional de Poesía "Paseo en Verso", Editorial Pasos en la Azotea, Querétaro, México, 2004, entre otros. Parte de su obra se encuentra publicada en revistas electrónicas y en papel de América y Europa; así también, ha recibido varias distinciones por su obra literaria. Entre sus libros editados podemos mencionar: "Alegoría de la palabra" (1992); " "Memoria de Marylhurst", (Interface Network, Beaverton, Oregon, 1993); "Visión de la muerte" (1994), "Enigma del tiempo" (Plaquette,1996); "Roja vigilia" (Plaquette, 1997); Rumor de pájaros" (2002); "Oscuridad sin fecha│Data gabeko iluntasuna", edición bilingüe: castellano-euskera, (El Salvador,2006); "Pie en tierra" (2007), "Caminos cerrados", (México, 2009), "Viajar de la ceniza │Voyage à travers les cendres", edición bilingüe: castellano-francés,(El Salvador, 2010); "Sublimació de la nit│ Sublimación de la noche", edición bilingüe: castellano-catalán, (El Salvador, 2010); "Poeta en Barataria", (La Habana, Cuba, 2010); "Tablou de cenuşă│Cuaderno de ceniza", edición bilingüe: castellano-rumano, (El Salvador, 2013): "Balcón del vértigo", (El Salvador, 2014); "Post-Scriptum", edición bilingüe: castellano-rumano,(El Salvador, 2014); "Viaje póstumo│ Viatge pòstum", edición bilingüe: castellano-catalán, (El Salvador, 2015);

"Lejanía│Away", edición bilingüe: castellano-inglés. (El Salvador, 2015); "Vía libre│Via lliure", Edición bilingüe: castellano-catalán. (El Salvador, 2016); "Cielorraso", Editorial La Chifurnia, (Colección palabra de Alto Riesgo), El Salvador, 2017; "Calles│Carrers", edición bilingüe: castellano-catalán, (El Salvador, 2017); "Ars moriendi", Teseo Ediciones, (El Salvador, 2018); "Motel", Teseo Ediciones, (El Salvador, 2018); "La experiencia de vivir", Chile, 2018; "Cuervo imposible", Teseo Ediciones, (El Salvador, 2019); "Viaje cósmico", Editorial 2.0, Chile, 2019; "Espejos funerarios", Editorial La Chifurnia, (El Salvador, 2019); "Ráfagas" Editorial 2.0, Chile, 2019. "Vacío habitado", Teseo Ediciones, (El Salvador, 2020); André Cruchaga, Poesía reunida. Tomo 1, Enciclopedia universal de la poesía. Editorial Författares Bokmaskin, (Stockholm, Suecia, 2020); "Ecología del manicomio", Teseo Ediciones, (El Salvador, 2020); "Firmamento antiguo │ Old firmament", edición bilingüe: castellano-inglés. Teseo Ediciones, (El Salvador, 2020); "Cementerio atávico Cementiri atàvic", edición bilingüe: castellano-catalán. Editorial EdictOràlia Llibres i Publicacions, (València, España, 2020; "Sepulcro de la tierra", Teseo Ediciones, (El Salvador, 2021); "Antípodas del espejo", Teseo Ediciones, (El Salvador, 2021); "Estación Huidobro", 2ª. edición, Editorial 2.0, Chile, 2021; "Invención de la espera", Laberinto Editorial, (El Salvador, 2021); "Oficio del descreimiento", Teseo Ediciones, (El Salvador, 2022).

FUGA DEL DÍA

De las manos juntas, la fuga del día, las aguas de siempre,
                                        el insomnio.
¿Se vuelve silencio la imagen de la ventana?
¿Hacia dónde va el desvelo cuando todo es fuga,
la sombra al roce de las ausencias?
—Punza el polvo sobre la piedra de la nostalgia, el aliento
huérfano en su propia tortura, zumo de la raíz que se nubla
                                        [en la ceniza.
(Todo es abominable en la esclerosis del alma), pero aquí
no termina el drama ni es la antesala de los minutos sordos,
ni el estertor de la herida;
mientras sucumbe el presente, discurren aguas sordas,
—¿vienes? ¿Llegas? ¿Te marchas?
(Siempre los colores amarillos arrecian en la lengua.
                    [La candidez es miseria.)
Ya lo dirá la apoteosis de la inmortalidad, el mordisco de la
pupila,
el chubasco degustado en la cicatriz de la marcha convulsiva
                                        [del escalofrío.
¿A quién espera la máquina tragamonedas del together,
los jazmines colgados del tapial de la saliva, la calle escarbando
                    [en el susurro de las agujas,
como una oración que nunca acaba en el aullido ni en la
telaraña
colgada de los dientes, boca de siempre sobre la mosca
                                        [que espía el cielo.
(La fuga como la luz mata. Mata los sueños del que yerra.
Si hay misterio en el trajín del ala,
debe ser la saeta
en el talón
de Aquiles.)
En las esquinas del ombligo hierven las conjunciones:
pese a toda la agonía, pese a la hora de aquel mal de ojo
                                        [del cielorraso.
(En la verdad del pensamiento, la comunión con la luz.)
Vive quien respira lo trashumante, vive quien mira el horizonte

de la nada rehaciéndose cada día en las pupilas. ¿Continuamos
viviendo en los distintos tejados la renuncia per cápita de
siempre
[de los zapatos?
En lo posible la plantación psicótica de una sinfonía.
No importa la claridad:
`siempre perseguimos el delirio que seduce, sea la boca,
la fosa o el sueño.

TE SIENTAS AL BORDE DE LA CAMA

helado como el espejo en que contemplas la huida
de los colibríes de tu mirar
BENJAMIN PÉRET

Te sientas al borde de la cama a mirar los pájaros helados
que se cruzan en tus ojos, al Niño de Atocha, al Sagrado Corazón
de Jesús y quieres tocar ese carrusel de imágenes que danzan
en el espejo, y ríes dentro de ese estanque y sientes
que los zapatos no alzan para todos los días, ni el rocío que cae
se puede guardar en esas alacenas donde se preservan
tantas chucherías: dientes de ajo y hojas de guayabo y romero.
(En cámara lenta Over the Hills and Far Away de Led Zeppelin).
Quieres extraer del espejo la luz, la opresión de los aturdimientos,
el mea culpa de las cegueras del universo, y así te inclinas
en una confesión conmovedora, piensas en los taxis o el Uber
para huir de esas soledades que propicia el frío,
piensas en el fermento trágico de los ojos, en las palabras oscuras
de la medianoche. En el largo pretérito de la tristeza.
Sientes una sed sombría y se te seca la saliva: hay acuarios, ahí,
mutando los pretéritos, quizás resistiéndose a lo irremediable.
Huyes, pero sobrevives como lo haría un náufrago.
En los pasillos de tu mente, ya solo ves fantasmas, bichos raros,
y manos agobiadas queriendo abrir las persianas de la penumbra.

BELLE ÉPOQUE

Juntos amábamos aquellas noches de meses fatigados donde no había reproches, ni imaginábamos historias definitivas y oscuras; entonces, a ciegas, tocábamos las bodegas del tórax, lo impensado que tienen los viajes ciegos, e infinitos. Era algo así como una bohemia herética, el bar de tus muslos, el fervor innumerable de tu boca de arcilla pura; luego empezamos a olvidar que una Belle Époque, se nutre también de ironías. Las sombras, de imán y voluptuosidad son un Paraíso conmovedor, lo es el camino extraviado en el desuso del candil, el lecho convertido en monólogo de aquel tiempo de rocío, el escombro del éxtasis, y acaso, las manos sangrientas del despojo. Luego la parálisis de los trenes como estribillo de rancios abanicos, el tiempo con ahondados agujeros y pabilos de magullones en el alma. Con una extraña sed, los aullidos despavoridos del hambre como si fuésemos la escoria del abandono.

GRIFOS HUMEANTES

En el retablo de las cerraduras de la sed, el armario de pájaros humeantes
alrededor del grifo que cuelga de las cornisas del sinfín.
Durante la lluvia desciende a los ojos, la historia que se rehace
en las lunas negras de la boca, en el chorro seco de las plegarias:
la memoria se abre a las enredaderas de la tarde con sus alas de cemento.
Como una mancha en las paredes del aliento, el oficio de las estaciones
junto a las ventanas de sal que emanan de los ojos.
En el recuerdo la hoja seca del agua y su chorro inconcluso de sopores.
Mientras pienso en la oscuridad del silencio, el cántaro de la realidad
con golpes de pecho, o el pétalo de granito subterráneo muriendo
en el aliento. Todas las falacias se ven bonitas cuando duermes,
aunque a veces uno desconozca el papel que le toca jugar en la pantalla.
Estupefacto en el sepia del alhelí,
la lengua de sed gotea, sin que se humedezca la risa, ni lo inhumano
del pulso vacío, ni la orquídea de cieno de las veleidades.
¿Acaso desfallece el rostro ante el humo enajenado que horada
las pupilas? ¿Es sangre o noche la tormenta que arrecia en los calcañales?
Es gris el brazo desnudo del aire y la garganta que embriagan
los candiles. Es la falsedad la que construye la nueva historia.
Sobre la breve luz de las palabras, aquella muchacha desnuda
como la imagen del mar, alta marea de senos y estertores.
En esta voz mía, sólo las esquinas del tiempo y el bahareque
de la tristeza: cuando el humo se enreda en los zapatos, y los caminos
se liberan del tatuaje, el dictador nos parece buena gente, tan generoso
como un sudario que arropa al país.

Nace en La Habana, Cuba, en 1968, poeta, y narradora cubana residente en Miami, dirige la Editorial Dos Islas. Tiene publicado casi una veintena de libros, entre ellos: *Respiro invariable, Salmo y Blues, Sin que te brille Dios, Esta palabra mía que tú ordenas, Atráeme contigo, Acercamiento a la poesía, Nos va a nombrar ahora la Nostalgia, Donde pondrá la muerte su mirada, Te mueres, se mueren, nos morimos, Aunque la higuera no florezca, esta es la oscuridad, Un gorjeo de piedra para el pájaro ciego, La hora Inhabitable.* Su obra poética y narrativa ha aparecido en revistas y antologías de varios países. Premiada en el prestigioso Concurso Internacional Facundo Cabral 2013 y en el certamen Hacer Arte con las Palabras 2017. Primera mención en el I Certamen Internacional de Poesía "Luis Alberto Ambroggio" 2017 y tercera mención en el mismo concurso de 2018. Fue merecedora del segundo premio de cuento de La Nota Latina 2016 Miami. Premio Internacional 'Francisco de Aldana' de Poesía en Lengua Castellana (Italia) 2018. Premio en el concurso Dulce María Loynaz, (Miami 2018), en la categoría Exilio.

ESTO NO ES UN POEMA
es un fragmento de metralla
un hueco de eternidad
labrándose en el humo
en la marcha final de las palabras.

La poesía es esa puerta que se abre
porque algo se va
algo regresa
algo se salva siempre.

Grazna como el pájaro demente
a la orilla del límite
gira y gira /persiste
la poesía es un pétalo cayendo
sobre el azar contemplativo.
Un fragmento de aire
incontaminado
un abierto horizonte
golpea.

Sobre mí su ojo desmesurado
su vigilia solemne
su antiquísima flor también abierta.
La luz que ofrece sus migajas
los viejos cantos lustrando el polvo
donde amaneceremos.

Ahora la poesía tiene el rostro del futuro
irá llaga a llaga
mostrándose.

Y los ciegos leen en las paredes / ese silencio braille, pero no ven
mi sombra. He vuelto a ella y / no me ven. ¡Qué alivio!
ABEL GERMAN

HE VUELTO A MI SOMBRA
mi dedo traza un círculo en la oscuridad
digo las palabras
hay un mar de llanto que rueda conmigo
un mar que sigue agolpándose
junto a los náufragos.
Suelto mis palomas
entrego ese vellón de claridad
los faros todos /los candiles de Dios
la luz en su virgen simiente
consoladora.

Hago señales de humo.
Y no ven no /no me ven.
Sigo zurreando y no oyen
extiendo el rojo inmortal de las palabras
las banderas de todos los mástiles
el desenfreno de la libertad
que late y late.
Y no escuchan.
Hay una saturación de la palabra muerte
y puede ir más lejos
que la línea violácea de las uvas
que el último guijarro
de ese mar que se diluye
mientras la verdad sigue golpeando.

La oscuridad también es un camino
y no soy más que un páramo
que traspasa esa cortina de humo
el alce que levanta su esqueleto
de la podredumbre.
Lo que soy
un trozo de marea

que sobrevive entre los restos
el escombro que acomodan
a un lado del derrumbe.
Y sigo hundiéndome como un pez
en ese bosque líquido de las palabras.
En la sangre que fluye cuando hablamos
la demencia de la muerte.

Pero no hay nadie que mire
nadie que recoja mi voz
entre todas las voces.
Nadie que repita mi eco traspasado
mis últimas visiones.

Nadie que se asome
que escuche.
Nadie que advierta
el cuervo que reúne migajas de penumbra
las palabras que escapan de la náusea
los versos que ceden
estos despojos
la tonelada de muerte
que pesa sobre mí
esas violetas que siguen cayendo
sobre mi cadáver.

PERO LA MUERTE AHORA
son esos tulipanes Sylvia
la rojez que petrifica los ojos
el sopor que pone en las palabras
la fría claridad desamparada que
acompaña al hombre
hasta su inmolación.

Esos tulipanes
la belleza que hiere
que narcotiza con su monotonía
mientras todo arde.
Mientras vamos con los ojos enfermos
tanteando el acertijo que deja la oscuridad.
Esas oscuridades que abandonamos
como náufragos.
Mientras va el tiempo
en su pequeña eternidad dormida.
Y va la muerte /la gran Matriarca
paridora de un festín
arrullándonos en su cuenco
de filosas floraciones.

Escribo
entre el zumbido y la gravedad.
Amando la palabra que engulle
que triza /que sigue obligándome
a germinar.

Pero la palabra no sirve contra el horror
y hasta mi cabeza puede ser cortada
mientras sigo plantándome
bajo el peso de todos los incendios.

El ahora y el después siguen agujereados.
Mariposa /el tiempo pasa a través de mí
el tiempo y esa llovizna de claridad
que deja al descubierto
el rostro inhabitable de la luz.

Escribo hasta palpar con mi ojo
la ceguera de todos los crespúsculos
el néctar que va disfrazado en las palabras.
Ícaro ascendiendo sobre el fuego
de una esperanza siempre.
Todo lo que perdí me gana
lo que entregué me será devuelto
lo que digo preservará mi nombre.

AMELIA ARELLANO

Psicóloga en orientación social.
Nació y vive en San Luis, Argentina. Ha publicado ensayos,
narrativa y más aun, poesía. Ha sido merecedora de premios
nacionales como internacionales.
Tiene publicado 14 libros
Se identifica con la reivindicación de los derechos humanos.

HOMÍNIDOS

El hombre se define como ser humano y la mujer como femenina.
Cuando ella se comporta como un ser humano se dice que está
imitando al varón
SIMONE DE BEAUVOIR

Ese hombre que me ama dice llamarse río.
Río o lloro, le da lo mismo.
 Un lirio es una gota de agua en un pantano.
El, solo es una corriente artificial. Uniforme. Estándar.
Sin embargo, se cree una corriente natural de agua.
Agua, que es agua sin el río.
Río, que no es río, sin agua.
Las madres del río son las cuencas.
Las cuencas son hijas de la lluvia.
La lluvia deja vacía las cuencas de mis ojos.
Los ojos vieron la luz primera en oquedades.
Luego, amorosamente persiguen la mirada.
El niño es fuego y la niña agua.
Yo, soy mujer de fuego y agua y lirio y camposanto.
Lirio de barro, de tallo o bulbo.
Este homínido que amo es fuego y agua al mismo tiempo.
Y hace tanto, tanto...que casi no recuerdo:
Hace unos seis millones de años que lo amo.

SOMBRAS, NADA MÁS

Al llegar a una esquina, mi sombra se separa de mí, y de pronto,
se arroja entre las ruedas de un tranvía
OLIVERIO GIRONDO

Ay, amor. Mira.
Las sombras trepan por mi pupila niña.
Enero. Cifra exacta del hambre.
Sangre. Sal. Una palabra, otra.
Penetrada en tus ojos desnudos.
Viento que ladra y me muerde el vientre.
Fundidos. Turbados. Erizados.
Sonámbulos abismos. Tentación y milagro.
Desmesura de barro.
Niño mío. Hombre. Prendido de mis pechos.
Gemidos. Infantil premura. Casi agonizante.
Luego. Caminos divergentes. Cementerios.
Luz apagada. Ruinas de tinta.
Invierno de golondrinas muertas.
(Noche y día. Pensamientos claroscuros)
-Piensa, solo piensa -
No más. Agua y sal. Apenas si puedo ser. Soy. Vos.
Mis manos cruzadas en mi pecho.
Brazas. Brasas. Despiadados lechos de coral.
Amor mío, ha caído una estrella.
Un deseo. ¿Es posible el retorno?
Ay, amor, mira. El calendario vuelve.
Las sombras se humedecen. Terciopelo malva.

MIEDO

"Hay un pájaro azul en mi corazón que quiere salir, pero soy duro con él,
le digo quédate ahí dentro, no voy a permitir que nadie te vea..."
CHARLES BUKOWSKI

Ya lo siento llegar.
En un rumor de pasos que adelgazan la noche.
El viento ha silbado tres veces. Ha llorado tres veces.
Tres veces lo ha negado.
Pero él avanza con su falo y su dedo, erectos.
Se acomoda en mi cama.
Me cubre con su cuerpo pesado.
Su aliento me apuñala la espalda.
Me huele, me habla, casi secretamente.
Se hunde en mí. Me muerde.
Es una enorme boca que devora la casa de mi infancia.
Los ladrillos de luna. Los racimos.
Engulle sin piedad la patria de mis ruidos impúberes.
El viento en las ventanas. Las voces sacrosantas.
El tintineo de las amapolas en la lluvia.
Y no hay barcos, ni albergues, ni barriletes nuevos.
Y las palomas migran, y los cielos y los dioses.
Solo quedan los miopes y las cucarachas.
Los paralíticos y una que otra langosta.
Y cuando bendigo la impalpable luz de la locura.
Un mendigo me acaricia los ojos y la boca.
Y lo beso, y lo tomo y lo albergo.
Trae un pájaro azul en su mirada
Me besa las yemas de los dedos.
Y me dice con su voz de cristal amargo.
Déjalo que salga... y anda.

Rosana Sena

Nace en 1972, Alfarp (Valencia), pueblo en el que actualmente reside, y se traslada en 2002 por motivos de trabajo y estudio a Valencia donde residirá durante once años. Pintora autodidacta y de vocación llegado un punto en su vida se ve en la necesidad personal de encontrar una forma artística de expresión más rápida y espontánea para dar rienda suelta a sus sentimientos y pensamientos más profundos. Fue entonces cuando comienza a relacionarse con varios poetas (afamados y no) y decide aprender también de forma autodidacta distintas formas de escritura. Escritora inédita hasta ahora, publica libremente sus poemas y pensamientos en la red social Facebook.

EN UN ARREBATO DE LIBERTAD

me enterraré desnuda entre mis piernas
y la silueta mía dejará de mirar
los ojos de mis enemigos.
Sólo deseo que al final, cuando me piense
por casualidad, en la desnudez del alba
que respiro no ladren los perros solitarios de la calle.
Nunca ha sido tan tarde a las siete de la tarde
ni ha sido tan inexplicable la respuesta
del espejo trémulo del cielo.
No sé si realmente es tarde o lo veo yo
pero lo que sí que sé es que me olvidé de llorar.
No lloro, aunque el fuego me incendie las venas.
Observo la procesión de las nubes,
miró hacia abajo, y los reflejos de los charcos
muestran el camino de un pasado borroso y caduco.
Quedará aceptar la vida a ciegas, a tientas,
sin pensar, dar un nuevo salto
y saldar la cuenta,
al fin y al cabo, siempre he sido amante
de las vidas que iluminan los templos sencillos.
Me queda abrazar lo simple para ser en paz.

SÉ QUE EN ESTE AHORA
no se acomoda la conciencia
del fin de ningún mundo.
Que a veces llega la hora
en la que hablo en boca de los recuerdos
de gentes que todavía viven en mí.
Hablo de la lluvia, de lo que a veces me incomoda, de la fuerza
del mar, de lo que me asombra,
hablo con la rosa y la metáfora en la boca
y sigues estando en mí
robando la única patria propia de las margaritas.
Cuando hablo lo hago celebrando
el sol de las mañanas,
toda clase de dulce amor
que guardo con esmero en las retinas.
Sin vuelta atrás, me siento embriagada
por el recuerdo del aroma del vino
sabiendo que el amor es libre
como cualquier ave del cielo
y que muchas veces para aligerar viaja en tren.
He naufragado ya en lugares en los que nunca estaré
y sé que la pasión discreta es la única
que pervive en el individuo y que,
a fin de cuentas,
es la única que es y está.
Así y todo, hube de conocerte
para descubrir lo que ocurría en mis jardines interiores
y lo que todavía está escrito
en la palma de mi mano.

A ESTAS HORAS DEL DÍA
no hay olvido de tu paso fugaz
y el temor de la luna ya no gana la partida.
No existe píldora que me haga recordar
la voz oscura del rincón de las sombras.
Se funde el sueño de vivir en mí.
Me regalo unos pequeños pasos
y viajo hasta el poder que queda
en los pliegues de sábanas infinitas.
Hace mil años que existe la alquimia
del fuego.
A ella me uno.
Y con mis brazos rodeo tu sonrisa matinal
como si fuera un ánfora en la que aplacar
toda mi sed de vida.

EL DESPERTAR

Los jadeos se hacen latentes
en cuanto abre los ojos en su habitación.
Cuando se deja deslumbrar
por la frágil belleza del mar desde su ventana,
cuando rompen sus olas en las rocas de la playa y recoge su
sonido
y lo guarda muy dentro de sí.
Una mujer camina por una esquina, tropiezan,
y la confunde con su autorretrato.
Minutos antes, en la hora matinal,
se topa con desconocidos en los andenes
del tren y, como ella, están ensimismados.
Después de tomarse su café con leche
el instinto hace que se restriegue los ojos.
En el fondo, sabe que su esencia
siempre será la de la mujer arcaica que lleva dentro
aunque a esas horas todavía esté dormida.
A esas horas aún se deja manosear
por la resaca del último sueño.
Se debate entre su gloria y algún cataclismo
que le resulta familiar.
Se pregunta cuándo duermen los sueños.
Se responde que lo hacen cuando las flores
huelen y se abren, cuando las abejas liban su néctar
o cuando las nubes pasan
sin pedir permiso por encima de tu cabeza
y cuando el mundo, lejos de parar,
no se deja interrumpir por nada ni por nadie.
Cuando da una vuelta elegante sobre sí mismo
y te envuelve, y te dejas arrollar,
y desde nuestra inocencia dejamos
de hacernos preguntas.

Graciela Giráldez

Nació en Buenos Aires (Argentina). Comenzó a escribir con temprana edad relatos y poesía que acompañaban sus estudios de guitarra y solfeo. Cursó en la Escuela Literaria del Sur talleres de relato breve, poesía, cuento y novela. Fue integrante del Grupo Literario Palabras Indiscretas (GLPI), donde se desempeña como vicedirectora. Ha colaborado con sus prosas y relatos en la revista literaria Brotes Digital. Coordinó durante un año la sección Creación Literaria en la revista literaria Sarasuati. Fue secretaria de la Asociación Literaria Poiesis durante 6 años. Ocupa su tiempo como técnico auxiliar de enfermería haciéndolo compatible con su pasión por la escritura, la lectura y la música. Varios de sus poemas han sido semifinalistas en el Centro de Estudios Poéticos de Madrid. En el año 2011 la editorial Hipálague publica su poema "Juegos prohibidos por otros" dentro de la antología De versos encendidos. Ese mismo año, el 2011, fue invitada por March editor a participar en la antología Poesía a la frontera. Poetas en lengua catalana, aragonesa y castellana. Está incluida en las antologías Por Abril (2013) y A propósito del pintor Álvaro Lombarte (2014) de la colección "Por amor al arte" y en la antología *Locus amoenus* Poesía y música en Alcañiz, editada también por la Asociación Literaria poiesis. Vive en España desde 2001 en la provincia de Teruel. Es miembro activo de los colectivos literarios y Artísticos: "nuevas voces" y "mosaicos y letras"

OBRA

Cuento Infantil:

El busca tesoros (2009)

¡Qué buena idea! (2014)

Poesía:

La frontera del Silencio (2012)

El tren de abril (2014)

Relatos y Prosas (2015, 2017)

Espejos convexos y otros poemas (2016, 2017)

Huellas (2019)

Contra el tiempo (2021)

Novela:
La gota Roja – Un amor entre el deber y el deseo (2021)
Libro: CONTRA EL TIEMPO – POEMAS ENCADENADOS LA
ETERNIDAD año: 2021

DÉJAME SER[8]

Deja que me arranque la piel
y pueda sentir el frío de los senderos
que acariciaron tus manos.
Deja que me ahueque la carne
y lime mis huesos para entender el dolor
del cariño que te retiene en el pasado.
Deja que me olvide de todo y pueda morir
para entrar en tu alma.

Quiero abandonar este ser egoísta
que me cubre cuando esos fantasmas
penetran en nuestra congruencia.
Quiero ser la lluvia que azote el cristal de tu ausencia,
el idioma de la noche donde sumerges la sonrisa,
la señal del calendario que te observa
desde un rincón de tu voz.

Déjame ser
algo más que el mutismo que hilvana tu vida.
Déjame ser
el galope salvaje que te conduce al grito del sueño,
el continuo vapor de tu sangre
y dame la posibilidad
de comenzar a comprenderte en el glorioso viaje,
que nos lleva al exilio del presente.

---

[8] Libro: HUELLAS – Año 2019

SI NO ME LLAMAS

Dejaré todo:
las huellas del camino,
los nidos de los bosques.
La senda de mis ojos en ese trigal
resignado a despedir al sol,
porque sabe que, tarde o temprano,
llegará la niebla.

Dejaré el olvido
en la llama horizontal que divide al futuro
y lo hace inalcanzable.
La piel de mis pies pegada a la hierba.
Mi vestido, al saltar
hacia esa ventana que todo lo absorbe
y me deja a contraluz
de nuestra historia.
Dejaré todo y me convertiré en otra.
Seré... otro momento, otro aroma.
Seré algo así como...
un terrón de tierra que la lluvia disuelve
al empalmar su lágrima
a un núcleo tan vulnerable,
como la noche que asoma al espejo.
Seré esa sentencia
que agrupará las letras de tu nombre
de seis en seis y seré...
como una travesía profética
si no me llamas.

BUSCANDO EL CENTRO[9]

Voy...

Descubro un suelo manchado por palabras que no escaparon de mi boca. Ellas, quedaron atrapadas en un enredo de lágrimas y saliva. Lágrimas, hambre de un sentimiento que se amontona en la grieta que mira al mundo. ¿Y la saliva?, prisionera encharca la alfombra de un tiempo que reclama libertad.

Sigo...

Se revela un camino que atraviesa y aleja los recuerdos; y acerca la distancia. Él golpea mis sentidos que se abren al amanecer. Amanecer, llama que enciende la cresta de mi fe. ¿Y mis sentidos?, atentos desnudan la belleza de callar, de entregar, de amar y no esperar nada a cambio.

Encuentro...

El equilibrio del crepúsculo cuando salgo de ese guante que cobija el alma. Ella, se dilata en una búsqueda constante de ese centro, donde la esencia de la vida se hace aventurera a su paso por la tierra. ¿Y el crepúsculo?, audaz borra la huella del camino para perderse en mí.

---

[9] Libro: ESPEJOS CONVEXOS Y OTROS POEMAS año 2016

DECADENCIA

A veces creo haber nacido mil veces
y conocer la locura en todos sus tiempos.
Haber pasado por ese anillo lumínico
Que envuelve la vida
Y deja paso a la muerte.

A veces creo haber vivido mil años
y que la historia, esa película
que habla de mí y de mis antojos,
naufraga como sabia heredera
Entre besos
Y sueños rotos.

MÍA GALLEGOS

Nació en Costa Rica en abril de 1953. Es escritora, periodista, ha publicado libros de poesía, de cuentos y de ensayos. Sus libros de poesía: Golpe de Albas. Los Reductos del Sol, Los Días y los Sueños, El Claustro Elegido, El Umbral de las Horas. Cuentos y prosas poéticas: La Deslumbrada. Ensayo: Tras la huella de Eunice Odio. En el año 2020 se publicó una Antología de su poesía en la Editorial de la Universidad Estatal a Distancia. La Editorial Nueva York Poetry Press publicó en el 2021 su poemario Es polvo, es sombra es nada.

Sus poemas figuran en antologías latinoamericanas y de España. En 1985 participó en el Programa de Escritores en la ciudad de Iowa en los Estados Unidos. Ha recibido en tres ocasiones el Premio Aquileo J. Echeverría en la rama de poesía. Pertenece a la Academia Costarricense de la Lengua.

Poemas de Mía Gallegos, del libro Es sombra, es polvo, es nada publicado por Nueva York Poetry Press y la Editorial Estucurú

DE LEJOS VENGO

De lejos vengo,
hartos años han pasado desde mi juventud.
Soy paciente como Job,
y pese a mis sienes grisáceas,
no estoy enajenada.

Conservo la libertad de la voz primera.
La rebeldía de transitar a mi antojo.
Pocas veces sonrío:
la vida se empecinó en ponerme a prueba
y por eso soy recia,
parca,
solidaria.
Pocas personas a mi alrededor.
No soporto un instante de estruendo y multitud.
Escojo a mis amigos,
otros han llegado y advienen, así, de improviso.
Los miro, intento dejarme sorprender,
más ya casi nada me asombra.
Quizás una luz violeta al atardecer,
el brote nuevo en una planta,
el descubrimiento de una nueva galaxia que podamos habitar...
Pero más nada.
La vida así discurre silenciosa.
Intento huir y siempre estoy puertas adentro
defendiendo esta entrañable clausura.
Si alguien pregunta, siempre respondo:
"Aquí estoy, nada he perdido,
voy huyendo, huyendo y no sé de qué..."

ESA MONTAÑA

Quiero volver a la montaña.
Ahí donde viví en mis años mozos.
Feroz, atrevida, rebelde fui.
Y aunque sé que los montes crían letrados,
en esa época no leí el Quijote de la Mancha,
embebida estaba en utopías que jamás llegaron a cumplirse.

Solo permanece mi anhelo por volver a la montaña,
al verde fulgor, al amanecer traslucido.
Leo ahora el Discurso sobre las Letras y las Armas...
La poesía es el arma que despliego,
si bien, sé con certeza que las palabras no llegan a muchos.
Mas no puedo abandonarla.
Ella me persigue, me atrapa, me encierra
en un ir y venir, en un deambular costado adentro.

Escojo entonces las palabras,
verbos tenaces,
adictivos,
adjetivos mínimos,
pero hay un rumor que se quiebra por dentro
sin sílabas,
sin oxígeno,
bullicioso,
inmenso.
Escribo para quebrantar.
Sin utopías en el horizonte.
Tan solo está llama que arde
y se eleva en la montaña inmensa.

ANTES DE VER LA LUZ

Antes de ver la luz
en el vientre de mi madre,
abrí los ojos
y miré, miré y miré la lejanía.
Reparé en la desmesura.
Luego no quise volver a escrutar.
Pero aquí estoy avizorando la realidad.
Siempre estoy mirando
y, dotada como estoy de una alta percepción,
escudriño con horror las prisiones del mundo,
cada paso que doy me conduce a una encrucijada que se cierra,
a una oquedad,
a la noche sin estrellas.
La mirada se va despejando.
Un punto en el espacio me dice
que un día no amanecerá el sol.
Mientras tanto, los poderosos hablan de armas de disuasión.
Se muestran los dientes.
Firman tratados.
Yo soy pueblo.
Deambulo entre los obreros,
entre los burócratas,
entre los caminantes del orbe,
entre los alucinados,
entre los desposeídos,
entre los migrantes,
con el ejército de desocupados,
con los poetas sin oficio,
de la mano de las madres.
Me aferro a la simpleza del día:
el pan, las telas, la aguja, el dedal,
el lápiz, las hojas en blanco,
o bien diseño un lienzo
y pinto hasta caer rendida.
Pero soy nadie, entre miles y millones de nadie
que no podemos pulsar el cese de una conflagración.

Nace en (Montecristi, República Dominicana, 1968) estudiante de la carrera de derecho en la Universidad Autónoma de Santo Domingo (UASD). Fue finalista en el concurso de poesía Latin Poets for Humanity, ganador del concurso de poesía de la revista Niedenrgasse y del "Editor's Choice Award" de The Internacional Poets Society. Ha publicado en el Primer Volumen de Colección Sensibilidades (España, Alternativa Editorial), Maestros desconocidos de la poesía contemporánea hispanoamericana (USA, Ediciones El Salvaje Refinado), Antología de jóvenes poetas latinoamericanos (Uruguay, Abrace Editores) y en Jóvenes poetas cantan a la paz (Sydney, Australia, Casa Latinoamericana). El Verbo Decenrrejado (Apostrophes Ediciones, Santiago de Chile) Antología de Nueva Poesía Hispanoamericana (Editorial Lord Byron, Lima, Perú); en la antología norteamericana: A Generation Defining Itself- In Our Onw Words (AMW Enterprises, North Carolina), Fraguas de preces (Abra Cultural, Islas Canarias, España, 2020) y en la antología bilingue rumana-española, Orizonturi Poetici/ Horizontes Poéticos (Colección de poesía Rotonda Valaha, Bucarest, Rumanía). Ha publicado los singuientes libros de poesía: Ritualidad del Círculo, Tránsito del agua y Papeles robados al más allá. Algunos de sus poemas han sido traducidos al portugués, inglés, catalán, rumano y alemán. Colabora activamente con diversas publicaciones literarias hispanoamericanas también ha participado en diversos festivales internacionales de poesía.

ENTREVISTA DE TRABAJO

Voy a venderme como la mejor puta
en el mercado, me pondré
aquella camisa
de pretenciosa imagen,
el traje negro para esconder miserias
en el fondo secreto de los bolsillos
y, con un nudo "windsor "en la corbata
de segunda mano
en el brillo de los zapatos
podrán ver la guillotina
 cómo me corta el cuello.

11
Naciste tatuado
por los muertos,
condenado
a recordarlos,
y te emborrachas
como un desquiciado.
Como los poetas beatniks
te dejas poblar
las barbas
para ir de incógnito
a los bares,
pero la desgracia
termina denunciándote;
los rotos de tus pantalones
y los aullidos
de tus zapatos,
dicen, que eres
un infiltrado
entre la alegre multitud
que habita el ocio público,
y te empujan
gritándote
que te marches
al paraíso,
o al purgatorio.

Eso a ti
te da lo mismo,
después de todo,
los has vivido
en carne propia.

Del otro lado del pueblo

Lo malo
de la tragedia
es, que
me dejó
completamente
solo.

Después
de llevarse,
también
a mis hijos,
entre sus uñas
de hierro,
me quedé
bailando
con el amor
de la soledad
como única
compañera,
en este pueblo,
con solo
tres almas
vivientes:
El carnicero,
el sepulturero
y el embalsamador
de cadáveres.

11
Aunque
ya no quedan
muertos,
siempre
nos llegan
malas noticias
de los que viven
al otro lado
del pueblo.

LAS ISLAS, SUCESO ENTRE LAS PÁGINAS

Toda isla
es una mujer indivisible
cuyo caparazón
duerme sobre sal
y silencio,
porque
ni al sufrimiento
ni al hambre
les importan los libros
de historias
mal contadas
porque
la muerte llega
con el viento
sin importarle el hedor
de las fronteras
levantadas
por la necedad
del hombre,
tampoco
si es de día
o si es de noche
si es arriba
o si es abajo
porque ella
lo quiere todo,
adentro
de su infrangible
ojo. Las islas
no se parten en mitades
dudosas
ahondando
prejuicios
como espejos llenos
de polvo
porque afuera

solo un color existe
para ver
hacia adentro;
al que llega: música y sal
en sus orejas
porque las islas
existen
como sucesos
entre páginas marcadas
a la izquierda
por la herrumbre
de los mares.

Oriunda de Progreso, Yucatán, México. Ha sido publicada en diversas antologías en formato digital y de papel, dentro y fuera de su país. Trabaja para la Secretaría de Educación del Gobierno del Estado de Yucatán en el nivel inicial en el Centro de Atención Infantil de Progreso, Yucatán.

Traducida al inglés, italiano, rumano, árabe, húngaro, catalán, maya, portugués y francés. Aparece en la Enciclopedia de la Literatura en México (Fundación para las letras mexicanas) de la Secretaría de Cultura del Gobierno de México. Recibe una mención de honor en el Concorso Internazionale di Letteratura e Arti Grafiche "Cosimo I de Medici 2018", Provincia di Prato, Italia. Tiene publicado doce libros de poesía: Quietud, Inventivas, Interiores, Tres Líneas, U páawo´il pikil t´aán (Mi bolsa de poemas), Poemas de mar, Erosión, Déci+(mas), Instantes de marea, La patria se nos volvió espejismo, Intersticio y Vitrales de la naturaleza. Actualmente imparte pláticas en instituciones educativas de su localidad, fomentando la estructura de la Décima y otras estrofas, en el nivel preescolar, primaria, secundaria y bachillerato. Funda y dirige el colectivo poético "Barco de papel".

Trans/versal

Salida a caudal del modo hastío
le pone medicina a los combates
con ínfulas de tedio en las neuronas
y claros movimientos corticoides
que en tiempos de diversas directrices
caminan hacia plácidas serpientes
sintiendo que el colmillo le seduce
y el hueco se aproxima a su conducta
si tiene por remedio escabullirse.

PERCIBO EL AROMA DE LAS FLORES
aquellas que colocas al florero
cada que se acerca el onomástico
y se impregnan de historia las paredes
connota el canto de los pájaros
para hacerme creer que es primavera
y que el sol revienta en las cortinas
perfectamente azules y volátiles

También -con algunos problemas-
se llena el caudal de incertidumbre
congratula el ritmo del soneto
la versión antigua de la décima
acercándose al acontecimiento
de la esfera y matiz que nos delata
como una sustancia venidera
de consistencia íntima y gozosa
que gotea sobre nuestros cuerpos

De nuevo coloco algunos títulos
y el tiempo cae sobre del tablero
al meter a Tolstói junto a Cortázar
Quién diría vivirían juntos
entre polvo y suaves telarañas
sosteniendo debate de ego-ciclos
en el doblez de las páginas roídas
a causa del pulsar y los enigmas

Al traspatio le sobran agujeros
donde pongo la voz del abandono
a crecer en el tul de la nostalgia
levitando la niebla entre las ramas
donde arrullan los nidos consecuentes
a colgar su esplendor en cada hoja
desde el plácido ritmo del sigilo
hasta el torpe candor que entre las rosas
desplaza su amarga sigiloide

Ya no encuentro pretextos suficientes
al dejarme caer en los sillones
a contemplar los sucesos desde adentro
en un vuelo raudo y sin sentido
que mantiene a mi cuerpo trotamundos
en espasmos de celo y de vigilia
donde quedo flotando en el suspenso
al sentir cómo invade la ternura

No tengo más remedio que evadirme
a sufrir de nostalgia por litigio
en algún tiraje del crepúsculo
como una señal innecesaria
de que todo se ofusca con el tiempo
cuando muestra su tórrida arrogancia
al ceñir los segundos en las grietas
y se arrugan las líneas del capricho

Por lo demás te cuento que persisten
abriéndose de golpe los botones
para luego dejar que se detengan
en la cúpula de olvidos que fabrico
por cada oscuridad de consecuencia
que se vierte en espacios donde acudo
a llenar de carencias que arrebatan
y me vuelvo tic-tac de alguna lágrima

El perro se ha vuelto dormi-siempre
catástrofe de pánico a los roces
promotor de los ruidos enervantes
mausoleo del acontecimiento
y sigilo-guardián de mi desorden
apostando por verte más no sabe
que el retiro en la mesa catapulta
y se forma un abismo por tesoro

Hay volcanes que arden y se apagan
cenizas que encienden de momento
mazorcas que estallan en las manos
pájaros que atraviesan horizontes
El disfraz que se cierne de elitista
en el bosque cubierto de sorpresas
casi siempre son gente corrompida
en la misma basura que se esconde

No pretendas volver –si lo pretendes–
aquí el tiempo detuvo su estampida
consecuencia del día y la negrura
desatando y atando la corriente
con el simple caudal de la tristeza
fehaciente en el lado del preámbulo
y en el frágil pulsar de la costumbre
que obliga a pulsar la impertinencia

Ahora somos un par de circunstancias
que se acercan al borde de lo inútil
como sombras que alargan su tortura
en la zanja profunda de la noche
Era cierta la imagen de mí misma
Era fiel el semblante de tu ego
Con razones de más: falsas y ciertas
nos quedamos colgados del criterio

Desde ahora tu extraña langui/muerta
que se atasca en el ritmo de las rosas
que mide el sepulcro con palabras
para hacer el camino detestable
Corrobora el fechado y el anclaje
cuando lleguen mis versos a tus ojos
y se llenen de lágrimas si acudes
al subtítulo de nuestros sinsabores

ELISABETA BOȚAN

Nace en 1972, Năsăud, (Rumanía) escritora, traductora y antóloga. Escribe en rumano y español.

Siendo adolescente ganó varios concursos de cuartetas, en directo, con rima preestablecida, organizados por la Radio Nacional de Rumanía (sección Juventud)—" Radio România Tineret". En el año 2002 se establece en España y en el 2012 debuta, tras ganar algunos concursos literarios de poesía y relato breve en lengua española, o quedar finalista. En 2019 recibe el tercer galardón en la sección de poesía de lenguas extranjeras del Premio Clemente Rebora, Roma.

Hasta ahora ha publicado tres poemarios: *Dimensiones, Egometría y Vuelo entre dos mundos,* siete libros traducidos y en numerosas revistas y antologías del ámbito nacional e internacional. Parte de sus poemas han sido traducidos al inglés, francés, italiano, chino, griego, árabe y catalán.

YIN Y YANG

¿Quién soy yo?
¿Quién eres tú?

Yo soy
el despertar
de aquel grito
crucificado
entre sílabas
en las tinieblas del tiempo.

Yo soy
la peregrina descalza
que cruza
los desiertos del cielo
para descifrarte
más fácilmente
tus propios enigmas.

Reúno las sombras de los caballos
en vestimentas de reina
para redondear el mundo
en un bocado de manzana.

Coge mi mano
en el temblor de las ascuas.

Batir de alas...
¡Vuelo sin cadenas!

EVOCACIÓN

Debajo de mi piel, —clavados en la carne—
los fósiles de tus besos
rendidos en el altar de los ocasos
en una caminata de domingo
por las crestas de las nubes

ME GUSTARÍA SER...

Me gustaría ser la gota de rocío,
que luce suavemente en la hierba.
Me gustaría ser el rayo de sol
que se derrite en el perfume de la rosa.
Me gustaría ser la gota de lluvia
que besa la tierra, antes de derramarse.
Me gustaría ser el vuelo alto de un águila,
siempre enamorada del cielo.
Me gustaría ser la ola,
que en su mecer recoge el oro de la arena.
Me gustaría ser el misterio
de la primera estrella que asoma en el cielo.
Me gustaría ser el instante sublime,
que roza la eternidad.
Todo eso, a la vez,
me gustaría ser...
Pero yo soy aquella alma
siempre enamorada del sinfín del Mundo.

Espejismo

En el alba del instante
me cogiste de la mano,
y hemos ido corriendo
a ciegas,
por las sendas de las palabras.
Hasta que
nos hemos perdido
en un comienzo de mundo.

De tu mirada
me has tejido
vestimenta de gala...
y yo,
como una Eva,
te tentaba
al hurto de las cerezas...

Más tarde,
el asombro del ocaso
nos ha esculpido
en el aroma de las cerezas.

VUELO

El segundo de luz
alumbra la revuelta
de la prisión del lenguaje de madera.

Me crecen garras en el alma,
desde las garras me crecen alas
y vuelo sobre el vacío de mi ser.

Después clavo mis garras
en la corteza de mi propia historia
vendida por una esquirla de amor.

Escritor nacido en l'Olleria (València), ciudadano de los Países Catalanes (Estado español). Ha publicado 14 de novelas, Els ulls del llac (ed. Alfaguara), L'ull de Zeus (ed. Alfaguara), Terra de déus (editorial Alfaguara), L'elegit (editorial Tabarca), Els greixets (editorial Tabarca), Amable (editorial Tabarca), Uendos (editorial Tabarca), Camíd'amor (editorial Perifèric), Els fantasmes del Lacrima Coeli (Editorial Bullent); Somiant amb Aleixa (editorial Bromera); El vol de l'Esparver (Editorial Voliana); Fronteres de vidre (Editorial Germania); Com ales d'àngel negre (Editorial El Petit Editor) y Prosceni blau (Onada Edicions) y 9 poemarios publicados: ViàticMarí (Ed. La Forest d'Arana), De la fusta a l'aigua (Ed. Onada), 55 maneres de mirar València (Ed. Germania), Suc de magrana (Ed. Germania), Atlàntic (Voliana Edicions), Insectostomia (El Petit Editor), De res poetica (El Petit Editor), Llegint Celan (Perifèric Edicions), Versos oceànics (editorial Bromera). Ha sido coautor de 4 libros de texto escolar para la Editorial Santillana. Ha obtenido varios premios entre los que se cuentan: premio La Forest d'Arana (1994), Finalista Premio Narrativa Juvenil Ciudad de Torrent (2005), Finalista III Premio Narrativa Juvenil Ciudad de Borriana (2005), VII Premio Narrativa juvenil Ciudad de Torrent (2006), Premio literatura Juvenil Benvingut Oliver de Catarroja (2008), Premio Literatura Erótica La Vall d'Albaida (2010), Premio de Poesía Josep M. Ribelles de Puçol (2010), Premio Ciutat Valencia (2019), XXXI premio de la crítica de escritores en lengua catalana a la mejor novela escrita en catalán (2021). Escribe artículos de crítica literaria en diversos medios de comunicación, tanto prensa escrita como digital. Perteneció a la Junta directiva de la Associació d'Escriptors en Llengua Catalana. Ha sido traducido al Castellano, italiano, rumano y portugués. Aparece en varias antologías de escritores catalanes, revistas, periódicos. Docente de lengua y literatura catalana; y ha participado en varios festivales de poesía y escritores en los países catalanes, Argentina, México, Colombia y en l'Alguer (Italia).

Un tatuaje en la tráquea

Con las pezuñas de la noche
tatúas en la tráquea
un baile
de lunas invisibles

En el mismo borde
de las horas oscuras
antes que el cielo
no se derrumbe
y cada astro
se vaya a su casa
antes que un océano
negro y profundo
empiecen las carreras de caballos y rosas
antes que por la grieta
de una luz inexistente
se cuelen los ídolos de agua
una a una
haces recuento de las líneas
que dibujan las pequeñas islas
que se esconden abrazadas
en un mapa de plata

Navegas la oscuridad
hasta que una melodía de sol
te devuelve a la playa de los tiburones
y el grito despeinado
de las palmeras
te empuje por la traviesa
de las conchas vacías.

SANGRA

Piedra madre
arterias agrietadas de la palabra
la noche sangra
por la diástole del ojo
rojo gris las hojas
de los árboles de la tiniebla
labios o corazones
recitando el silencio
a gritos
la piedra sangra
mariposa
sacrificio inclemente
de las letras errantes
bytes de luz afilada en la yema
de las estrellas torpes
vidrio veloz
como la mano del asesino
bocado
salina de las lágrimas
que corren por el firmamento
cielo negro
taberna de los bebedores
de dudas
abecedario fermentado
en la sabia inocencia
alcohol de lunas rojas
Entre el lecho y la mirada
sangran los ojos
de la incertidumbre.

Un sol blanquísimo

Saliendo del cine
has subido al metro
has entrado a la estación
que queda cerca del pecho
entre las últimas letras
de crédito
y la lúdica luz
de las rodillas

Recorres el subsuelo
de los miedos
atraído por un abecedario
de luciérnagas
escribes mensajes a caballo
de las olas
de un océano de dedos

Un pequeño petirrojo cose
las páginas del libro de aire
donde se esconden
los sabios versos del camino
continúas sentado
en los labios de la imagen
de la orquídea
mirando a través de la oscura ventana
mientras te desplazas
por tu cuerpo
bajo un sol blanquísimo
No has comprado el tiquete
para no ver los suburbios
de la Ítaca deseada
que el revisor te obligue a bajar
en cualquier estación
de tu piel.

AGUA DE LUZ

El agua está por todo
sin fondo ni distancia
agua de luz
pulmones hertzianos
piel de tinta
agallas oníricas de Chagall o el Bosco
sin el filo cortante
de los sustantivos abstractos
la espesa selva de la boca
la manga que no alcanza
la absenta
fuego fatuo o bosque en llamas
todos los mares por cubrir
un miedo infinito
un miedo buscado
abrir los ventanales
del estómago
a la fotosíntesis de la sabiduría
abrir el mar
a la lengua verde
tierra lejana
palabras fosforescentes
en la garganta de la noche
caminos de agua
caminos de aire
labios... labios... labios palabra
paraíso o milagro
jinete del hielo fundido
príncipe
rojo
ecos de los cascos del tiempo.

SOFÍA RODRÍGUEZ GARCÍA

Nace en Bucaramanga, Colombia 1976, escritora, artista y educadora popular. Ha escrito 4 poemarios: Cada vez que cobija el fuego (Ambivalente editorial, año 2015), El bar de la avenida 33 (año 2018, ambivalente editorial), de este último se prepara una nueva edición bilingüe. (2 publicados y 2 inéditos que serán publicados en el año 2022), 1 libro de cuentos inédito y varios artículos y ensayos en periódicos y revistas de Colombia, Chile, México, Canadá y España. Su obra poética se encuentra, además, en varias antologías de Argentina, Rumania, España, Estados Unidos y Colombia. Se la ha traducido en 4 idiomas: rumano, italiano, portugués y catalán; su obra poética se encuentra en publicaciones de distintas revistas rumanas de Bucarest (Rumania), en revistas y periódicos italianos de Roma (Italia), en Denver (Estados Unidos), en Durango, Morelia y Ciudad de México (México), en varias ciudades del estado español y en diferentes ciudades de Colombia. Ha sido invitada a festivales de poesía y de escritores en Argentina, Colombia, Estados Unidos y Perú. Se le ha incluido en antologías de Rumania, Colombia, Argentina y Estados Unidos. Prologuista de varios autores, tallerista y evaluadora en revistas de poesía en universidades; correctora y editora de artículos de revistas de sociología y libros de diversos autores y conferencista. Igualmente ha participado con poesía y temas referentes a los derechos humanos en producciones audiovisuales y teatrales.

LOCA

Me han llamado loca:
la loca de la luciérnaga en la lengua

Me tiran lluvia en tejados transparentes
piedras de pintados suplicios

Lavan mi rostro con sables
me arrojan los trapos
la mierda
Mis piernas se recogen
las voces ahogan mis pulmones

La loca de la luciérnaga en la lengua
tiene algo que contarles:
Se han pronunciado los remiendos de los callos
parapetos de las uñas cortadas por la mitad
Los Puños en las tráqueas
son los amantes de mi morfina
pero ni los codos del odio
vacilan en mi garganta
Lejanos están ellos
con sus decanas máscaras
que se oxidan en los venenos del día.

Madame Sofía[10]

Señorona que cabalga los encuentros
con el fuego que revelan las manos
y las múltiples partidas de los nudos

Son suyos los laberintos
los colores que se ofrecen y los besos

Atravesados la esperan cansados
en los desnudos huérfanos
en los insultos
que perpetúan los renombres
los demonios de una copa de vino
y el desamparo de la piel rasgada

Se divierte nuestra Madame Sofía
con las danzas de oídos apresurados:
La vida es un hilo de muros
donde todos se aferran o se lamentan
El alma yace en el hígado
donde los buenos comensales
arañan los espejismos del horno

[10] (Del libro Cada vez que cobija el fuego, 2015)

LETAL[11]

Descárgame de risas absurdas
dulces besos y textos mordaces.

Ven y hurta
las mordeduras del aliento
Cuando puedas grítame los demonios
que con afanes abrazamos

Ven y tira las ropas de segunda mano
agóbiame para verte

Ayúdame como enferma terminal
a este buen morir
que quiere contar tu piel
Haz del mundo
el resto del vacío
el poro de brasas
el desperdicio que nos cubre
Todo eso a lo que recurrentemente llegamos.

---

[11] (Del libro Cada vez que cobija el fuego, 2015)

MIRADA

Más allá de las lógicas y aventuras
me puedes agarrar del cuello y respirarme

Huir de mí en un triángulo de manos
y osar de especulador de trinos

Tu vista es igual desde la luz
y aquí: lugar de los espejos
donde el repudio te cubre parte del rostro

(Del libro Cada vez que cobija el fuego, 2015)

LOS SILENCIOS DE LA TIERRA

Hace tiempo que quiero decir algo
fuera de las prohibiciones de mi entorno.
Hace tiempo que quiero tocarme los hombros
cerrar los ojos y no ver nada más
sino esa flor naranja de trocha
rasgada en el olfato.
¿Cómo haré para expulsarme
sin que las culebras persigan mis fluidos?
En esta tierra que consume la vida
un oleaje de estragos del tiempo
me esperó y me atrapó.
Las muertes me abundaron en cada palabra
o más bien en el desprecio de cada letra.
Voy memorizando nombres
cada vez que bajan la cuesta,
pero no son nombres
son esos pensamientos del tiempo
que se enfrentan.

Tengo pájaros muertos en las manos
su sangre es rocío
en mi pantalón de alambres.

Rocío D'Ledezma

Nace en Veracruz, México. Artista visual, diseñadora y poetisa. Como artista visual ha participado en innumerables exposiciones colectivas e individuales dentro y fuera del país. Ha realizado muralismo en instituciones privadas. Como diseñadora inicia su línea de ropa en manta cruda en el 2014 y en 2021 lanza su propuesta con la finalidad de contribuir al fortalecimiento de nuestras costumbres y tradiciones. Como escritora ha participado en diversas antologías, periódicos, revistas digitales. Es autora de cinco poemarios. e incansable promotora cultural. Conforma colectivos, no sólo en su ciudad. Condecorada con la medalla Leona Vicario 2020. Representante de mil mentes por México. Embajadora de la alianza Marroquí México. Colaboradora de la editorial Eterno Femenino.

YO SOY

Reptan por mis columnas hierbas trepadoras, parásitas, pretenden absorber la sabía de mis noches de desvelos en la almohada de los tiempos.
Ser yo, en espíritu y savia, más ignoran que soy cicuta amarga.
No me inquieta su audacia, podrán intentar una y mil veces más, disfrazadas de aromada lavanda, más siempre serán hierbas malas, que eliminadas debe ser, de raíz, a ramas.

MI MADRE

Miro en sus espejos de cristal los inviernos por llegar. Mientras su boca de fresa madura susurra al despertar, sueños cómo delirios. La contemplo, la recuerdo, hermosa, nívea, fresca. Viajo en sus murmullos rezos de viaje, al tren del pasado. Es, aún, aquella flor en plenitud de pétalos rosados, la que jugueteaba con el viento y provocaba con sus aromas las tormentas en aquellas tardes de escondidas y sobresaltos del novel corazón. Despeinadas regresamos con esa mirada traviesa, a flores y canción, nuestros pistilos destacan entre la hierba de campo. Mi alma vuelve a acomodarse en su regazo, ahí estaba ella a mi espera, sabe el horario de llegada, un sobresalto nos exige, la taza ha caído de su temblorosa mano, hoy me corresponde arrullarle.

Aguardo

Vislumbro la idea de refugiarme de la tarde, bajo la guarda de la montaña. A tan solo una palabra se desvanece la utopía y vuelve la loca a salir por la ventana. Espera que algún día el cenit aclare el espejismo, y vuelvan a su nido las golondrinas de mayo.

ME NIEGO

Me rehúso a doblegarme ante el amor
pero es que sin decirme nada me desnuda
...Acaricia mis contornos con sus verdes aguas, me disuelvo sin oponerme. Soy hoja en sus corrientes, y fluyo segura en sus remolinos. No me resisto a esto que mi inquilina grita, aguanto la respiración y me sumerjo, sabiendo que, al resurgir de las profundidades, lo volveré a negar como maldita. Me niego al apego ... No, con él, no puedo.

SOY

Semilla estelar, diáspora con pinceles a cuestas.
Divergente de mente
Cambio de piel, cómo serpiente al roce de rocas.
Cuando se agranda el traje lo ocupo con luz.
Soy feliz adaptándome a la gravedad con mis pies descalzos.
Mi sonrisa no es vertical, mírame de frente
Soy bruja eterna, de magia entre las piernas.
Nada de santa, bebes de mi grial y no te atreves adentrar al
misterio eterno.
Es mi cuerpo marea alta en lunación,
Solo el sol se atreve a la conjunción.
Bailo cuál flor de caña en pleno mayo
Tengo en los ojos, agua de río, en los labios, tierra fértil.
Mi cuello está listo para la siembra verde
Así los minutos se hacen las horas fértiles desde mi ombligo.
Soy los frutos de la cosecha, soy en principio semilla estelar.

GLORIA DÁVILA ESPINOZA

Poeta, narradora, teatrista, y activista cultural. Indigenista. Hija última de diez hermanos, cuyos padres fueron el pedagogo Pedro Dávila Facundo y Liduvina Espinoza Ferrer, Nació en Huánuco, Perú. Docente universitaria, con estudios de doctorado en Ciencias de la Educación, posgrado en Docencia Superior e Investigadora. Licenciada en Lengua Literatura y Comunicación. Ha sido largamente antologada en Perú y fuera de ella. Ha viajado por 4 continentes llevando su poesía. Es políglota: alemán, inglés, quechua, portugués, además de haber sido traducida a diez idiomas, tales como el alemán, coreano, francés, rumano, italiano, catalán, árabe, inglés. Ha recibido varias distinciones y condecoraciones entre ellas: la Medalla de oro José María Arguedas y Cesar Vallejo, el título de Reina de la poesía del Siglo XXI en Bolivia. Ha escrito más de 22 libros publicado en antología y editado 6: Redobles de Kesh, Danza de la Noche, Kantos de Ishpingo, La firma. El hijo de Gregor Samsa, La casa del demonio y próximamente "Maldita boa". Es miembro ilustre de la Academia de la Lengua José Gorostiza en México, Miembro de la Academia de la Lengua portugués en Brasil y Embajadora Universal de la Paz desde Ginebra Suiza. Y recientemente invitada por la Academia de la Lengua peruana para ser antologada entre las poetas del Siglo XX y XXI. Su correo es gloriadavilaespinoza22@hotmail.com

UNA TAZA DE VIENTO[12]

Ya siento el estéril infierno alargar sus ventanas,
Sus puertas abrirse al pie de mis pasos
Y en miradas tortuosas esparcir por los vientos
Perfumes de barro y soplo.

Su silencio es pesado, estéril y se alza en vuelo de libélulas,
Bajo el velo de la sombra
Que la muerte hoy lo ha escogido,
Para ser una hoja seca al viento
En álbum de mezquina mirada.
De flanco a flanco se ofrece a la vida.
Destilando sus ojos en magma de mares
El rayo lame el fondo de mis abismos,
Pertrechos de cieno, perfumados de trigo.

Mastico miedos al filo de la rosa,
En colgajos de iris que el Sena hoy me ha ofrecido,
Como ágapes en fuentes de oro.

De norte a sur, su lengua emerge y
Mis pieles sacuden sus pieles,
En tanto una mano
Es sopor de espantos
En pretéritos gritos de la última hoguera,
Mir extasiada a sus ojos estáticos,
Que dibujan cadenas en el péndulo asesino
Que perfuma de azufre la taza de viento.

---

[12] Del libro "Danza de la Noche" (2010)

ORACIÓN A FUEGOS ANCIANOS[13]

Para cuando el sol se apague
eclipsando vacíos inertes vagaré pusilánime,
y no seré más tibio calor ni hielo,
que más no exista en tu locura,
parto de la tierra hervida

Sumergido en tu nombre
vagaré y vagaré...
entonces y solo entonces
dejarás de buscarme entre el hechizo del ciempiés en cadenas
gruesos escombros serán
escondites de hienas heridas
de aire puro rechazando tristezas heridas
de lejanos tiempos que no volverán todavía más.

Para cuando se apague el sol
vacilantes y huidizos pórticos grises se abrirán a tus ojos
que a los míos hoy son flor de huito
entregados al fuego
en tanto mares desiertos concluyentes a las arenas
perdidas buscarán
del invierno sus llagas para ser mañana
y no flores de papel
el demiurgo será
mis noches y días atiborradas pasiones
cubiertas curtidas y repletas de escafandras
y sin más color que mi piel cobriza
insuflación mis dientes y colmillos
que serán el padre del átomo en primera estación,
velaré tu antorcha de hielo antártico.
Para cuando el sol se apague
seré tu lanza en magmas candentes
Para ti, el mundo, y el mundo de tu mundo.

---

[13] Del Libro "Kantos de Ishpingo"
Manoalzada Editores, (2007) Perú.

UNA MIRADA[14]

Dos yoes hacen dos sombras
dos yoes son dos sueños
los ojos dos espejos van empañándose
de la respiración del tiempo
CHARLOTTE GRASNICK

Una mirada escurre la sombra de esos yoes
que hoy cursan su propio río
es comparsa en su eco por eterno
y entre el fuego de su ayer camina y se hace mar.
Una mirada Pulula en iris abarrotado
en ojos de un tranvía y tras ella va
abriendo el pastizal
descubre sus pupilas
que laten como un sol
y no hay temores
No es sino el fuego en sus antorchas
no es sino una oleada de vientos
no es sino un abanico de soles
porque su iris le alerta una mirada
ella corre por los prados
a pedir a las piedras
pirka y sólo pirka en su rondana
y después de tanto y de nada
vuelve a ser ojos y sólo ojos
en sus querencias y
en su regresión
retorna al útero de su polvo...

---

[14] Del libro inédito "Laberinto de un soplo".

LA VIOLENCIA DEL PAN[15]

...me pesa haber tomándote tu pan; (...)
CÉSAR VALLEJO

me pesa el pan,
me pesa tanto que intento huir de él.

ha puesto cadena en portales
y su voz es verdugo eterno
son sus ojos, inmensas guadañas
y sus manos un látigo frío.
es su piel una daga filosa
de la que apenas me logro zafar.
me pesa el pan,
tanto que mi cuerpo es polvo otra vez.

---

[15] Del libro "Kantos de ishpingo"
Arteidea, Grupo Editorial (2010)

Argentina, autora de once poemarios evaluados por académicos de universidades de habla hispana en distintos países.

Incluida en la antología "Poesía Argentina Contemporánea", Tomo I Parte XXIII de la Fundación Argentina para la Poesía (Selección de poesía argentina desde la llamada -Generación del 40-) 2017

Miembro de la Sociedad Argentina de Escritores; de la Fundación Argentina para la Poesía; de la Comisión Directiva de la Asociación Americana de Poesía "Ester de Izaguirre", Buenos Aires; "Life Member" de la Academia Mundial de Artes y Cultura (UNESCO). Secretaria de Actividades Culturales y Sociales del Instituto Literario y Cultural Hispánico, California, EUA

Doctor en Literatura (Litt. D.) título honorífico otorgado por la Academia Mundial de Artes y Cultura, y el Pen Club de Praga, República Checa, 2016

Fiscal Internacional de Derechos Humanos en defensa de la infancia afectada por la guerra y la pobreza. (Mission Diplomatique Internationale Humanitaire) (Tribunal de Conciencia, Ruanda 1994) Invitada al Festival "Poema-Mujer". Recital sobre su libro "Alegato de mujer/A woman´s plea" Mission Cultural Center for Latino Arts, San Francisco, EUA 2013 Invitada especial por el gobierno de la República de Macedonia a Struga International Poetry Evenings 2009

Medalla de Oro a la excelencia poética XXVIII Congreso Mundial de Poetas-Acapulco, Méjico-Academia Mundial de Artes y Cultura 2008Diploma de Honor -Instituto Literario y Cultural Hispánico- EUA 2007

Plegaria de un poeta

Madre nuestra que estás en la calma,
en las venas azules del cedro equilibrista,
en el miedo del hombre.

Madre casta que danzas en flores verticales
y redoblas la tinta y enloqueces borrones asombrados.

Madre sola conmovida de hijos,
rehén sangrante en el verbo delator;
humillada con giros que aturden los renglones
y ahogan la palabra verdadera.

Madre tierna que nutres a los lobos
en la pira del verso
y refugias los ríos de soberbia y costumbre,
danos sed para saciar el agua,
danos hambre de amor para aromar la ira,
danos el día fresco en cada hora
donde habitar los milagros y las dudas;
danos coraje y signos para escribir tu nombre
en el pan necesario de tu vientre...

Madre Poesía,
danos el cielo de tu reino.

ESA HISTORIA

Ella escribía en la máquina de coser
y en los frascos de dulce;
escribía en los fogones,
en el pan con manteca y azúcar,
sobre el terciopelo de los alelíes.
Ella escribía con las manos sujetas,
con el pecho en cruz;
escribía en las almohadas
las oraciones incapaces de parir agua santa y bendecirla;
y el camisón se pegaba a sus piernas,
sangre de la sangre de los libros
entre la oscuridad
y el soplo de una lamparita cómplice.
Ella escribía en la sonrisa de los campanarios,
en los sembradíos;
escribía sin palabras en las cuentas de un rosario transparente,
en la vergüenza disfrazada de príncipe;
ociosa de castigos y penurias.
Escribía con harina
en el álbum alumbrado de moños y de fechas
donde mi foto hoy toca
el contorno a lápiz de un pie recién nacido
y otros garabatos inseguros,
testimonio de mi peregrinar en su vientre.
Ella siempre escribía,
pero borró aquella carta perforada
para que yo me salve.

EL REGALO

Un niño en las costuras de la tarde;
una ráfaga de sol en el cabello
y la ofrenda de su sonrisa de calesita
desde la lejana pequeñez.

Acarameladas alturas
de inocencia
en la casa de juegos.

En sus manos,
el inalcanzable poder
de la sabiduría.
Hoy me sonrió ese niño
aún sin conocerme.
En mi espacio,
el recelo y las dudas,
el golpe del verdugo
que bajó las persianas del espejo primario
y el viento del desierto
que clausuró mis ojos.
Le devolví infinita soledad
en un rictus amable
y guardé la manzana deliciosa de su gesto
con las pocas burbujas de amor
que colecciono.
Ahora me pregunto...
qué habrá buscado en mi pena de isla,
su corazón de grillo y medialunas.

COMUNIÓN

Atravesaste el ojo de la aguja.
Costurero refugio,
los hilos se evaporan
entre botones haraganes;
girasoles
a través del bolsillo de la falda plisada.
Pasaste por el ojo de la aguja
y se ha soltado el dedal que protegía.
La mesa repasa los moldes de papel
en un diagrama de uvas en el patio.

Madre pura,
pura Madre,
no regreses con todas las verdades cosidas en los dedos...

No hay sopa en la cocina
y las hojas de parra pisotean los libros
de enanitos y cenicientas.
No regreses.
La máquina de coser ha deshilvanado el pedal
y las tijeras apuestan a un corte categórico
sobre el alfiletero de pañolenci.
Ensaya, por si acaso, otra canción de cuna;
este ritual que transito está maduro
y en el arpegio abierto del deshielo
voy perdiendo las márgenes.
No regreses.
Yo llevaré gardenias amarillas
en un ramo de amor.

Es originaria de Cuauhtémoc, Chihuahua, México. Desde la infancia ha sentido gran atracción por el fascinante mundo de la literatura. Formó parte del Taller Literario "Enrique Cortázar". Algunos de sus poemas fueron publicados en el libro Tendedero Poético 95, por La Red Cultural Sor Juana, y en el folleto de La Fragua "Al freír los huevos se verá". Participó en uno de los recitales de poesía en la Quinta Gameros en Chihuahua, así como en el primer Festival de las Tres Culturas en Cuauhtémoc.

Al establecerse en Denver, Colorado, se integró al grupo de poetas y artistas en Las Noches Bohemias organizadas por Manuel Cordero. Sus textos han aparecido en periódicos como De Hecho, El Reportero, El Siglo, El Comercio de Colorado, así como en el rincón bohemio de la revista Casa Familiar.

Formó parte del grupo poético Los Amorosos y tuvo el honor de participar en el programa de radio "Una Cita de Amor para Siempre" en la radiodifusora 1150am del talento independiente.

Participó en varios Festivales de Poesía Latinoamericana y en los eventos de música y poesía "Voces Unidas" de la Biblioteca Pública de Boulder, Colorado. Participación de poesía en el Festival Tonos Latinos en Aurora, Colorado. Algunos de sus poemas fueron incluidos en una edición de la revista "The Human Touch" por la Universidad de Colorado del Campo Médico de Anschutz. Recital poético en Tortuga Gallery en Albuquerque, Nuevo México.

Actualmente reside en Albuquerque, Nuevo México donde continúa promoviendo la literatura en comunidades hispanas. *Poesía sin Fronteras* es su primer libro.

EN LIBERTAD

Se despojó de sus viejos miedos
para sentir el verdadero
latido de su corazón
vibrando profundo su alma
libre, serena
alzando el vuelo
fue verso y poesía.

Lenguaje de Amor

Es tu ser el que ocupa todos mis sentidos
el infinito gozo que traspasa el fuego divino
rumores, madrugadas
vaivén constante
de olas y arena
navegar serena entre tus aguas
cálido mar de espumas
anclar en muelle profundo
un cantar de pájaros
hasta el último suspiro

Tejiendo Historias

Afuera los pájaros siguen su vuelo
las nubes negras pasan tranquilas
las copas de los árboles danzan con el viento
más aquí adentro
sigo tejiendo historias inciertas
bordando horas de insomnio
con melancólicos versos
tanta soledad derramada
en las tardes de nostalgia
pidiéndole a mi vida desierta
que vuelva a florecer,
sepultar el invierno
de este inquieto corazón.
Mis pensamientos se transforman en poesía
gota a gota comienza a llover.

SAGRADO MICTLÁN

La vida misterios encierra
me recibirá la celestial morada
mirando hacia la basta sierra
ya huele a tierra mojada.

Una pena atraviesa el alma
no muy lejos está el Mictlán
la tarde avanza con calma
los recuerdos se marcharán.

Me siento agradecida
Madre Tierra cúbreme con tu rebozo
en la inevitable salida
espero el eterno reposo.

Angélica Santa Olaya

Ciudad de México, 1962. Poeta, escritora, historiadora y maestra de Creación Literaria en Minificción, Cuento y Haiku para el Instituto Nacional de Bellas Artes (INBAL). Egresada de UNAM, ENAH y SOGEM. Primer lugar del Concurso de Cuento Breve El Nacional 1981 y del Concurso de Cuento Infantil Alas y Raíces a los niños 2004. Segundo lugar del V Certamen Internacional de Poesía Victoria Siempre 2008 (Argentina). Mención Honorífica en el Primer Concurso de Minificción IER/UNAM En su tinta 2020 y Segundo Lugar en el Concurso Semanal Crónicas de un virus sin corona UACM 2020. Publicada en 130 antologías internacionales de minificción, cuento, poesía y teatro, así como en diarios y revistas de América, Europa y Medio Oriente. Autora de 16 publicaciones de poesía, cuento, minificción y novela. Traducida al rumano, portugués, inglés, italiano, catalán y árabe.

MARIPOSA CON LUNARES

Abre los oídos

un perro ladra en el horizonte de concreto
líquida frontera que se oculta
tras el negro disfraz del día

Cierra los ojos

una mariposa agita sus pétalos
suplicándote que secciones el tallo
que sodomiza su vuelo

La flor de antenas doradas
olisquea la libertad
en un jardín de bytes megacinéticos.

LUNAR

Bajo la mirada lunar
un grano infinitésimo de carne
deviene semilla

boca
beso

rechinar de músculos
fulgurar de huesos

las sedientas lombrices
prodigan su parda esencia
en un duelo de orgánica verdad.

NÁUTICA

Desatas las ligaduras
de mis velas insomnes
–dóciles membranas
distendidas
a tu llamado de
viento en popa–

soy un fantasma
que monda
con roja lengua
la cáscara
del tiempo...

merodeo,
          busco,

embosco en húmeda cárcel
la puerta principal del laberinto
igual que se ataca
una manzana
a filo de navaja

Abismo

Lento y despacioso andar

El paso a punto de vida
y el radar en el poro
donde nace la hoguera

Sin zapatos
-aras de corazón-
olfateo el abismo

Páramo de azoros
donde la piel encuentra
la razón de tanta espera

DESPERTAR

Alunada despertó
la mariposa
sembrando el aire
con el dispuesto polen
de lo posible

Semilla a punto
Grano de mostaza
Pellizquito de sal

Un ala sin cadenas
cazando al viento
y el agua colmando la fuente
para respirar

César Curiel

Durango, México marzo 1969. Poeta, novelista y fotógrafo.
Fue colaborador para distintos periódicos tanto en Estados
Unidos como en México con columnas de música y poesía.
Ha publicado siete libros: 4 poemarios y 3 novelas.

Entre sus trabajos ha escrito dos prólogos, uno para la poeta
rumana Coca Popescu e igualmente para la poeta venezolana
Yamileth Blanco Urbina.
Sus poemas se han dado a conocer en distintas antologías a
nivel internacional, así como en revistas de literatura en
distintos países e idiomas.
Sus poemas se han traducido al rumano, Ingles, Sueco, Frances
e Italiano.

TE SUEÑO

en el infinito abecedario
de las noches
en el abstracto
vaho de las ventanas.
Cuando llueve
tu voz es la melancolía
de mis tardes
y el eco de la hojarasca
en los parques.

Te sueño
en la lejanía
de la costumbre
porque así aprendí
a quererte
entre la orfandad
y el olvido
apegado a tu memoria
masticando ideas
de futuro.

ESPERÁNDOTE

Te esperé tanto
que terminé
pintando metáforas
en las paredes
de mi habitación
decoré cada esquina
con tus ojos.
No me bastó el eco
que se escondió
en el silencio
yo quería tu nombre
en mi garganta
que atravesara
el sonido de la espera
que fuese como un trapecio
en cada sueño
y cada noche hilar tu voz
entre las sábanas
y entre mis brazos
postergar la muerte
tan solo unos minutos.
¿Pero qué es el tiempo?
A penas fragmentos de recuerdos
donde toda cicatriz
cuelga de los párpados.

COMO SUICIDAS

Te esperé tantas
veces y no llegaste
fue como quien
desgarra su propia
carne
y la arroja al fuego
y en medio
de la ceniza llora
escribiendo nombres.

Yo escribí también
tu nombre
que los aguaceros
borraron
y en títulos vanos
lo he escrito tantas veces
en poemas que se olvidan
con el tiempo.

Retórica del sueño

Llevo tu nombre
en la solapa
atado como un cordón al cuello.
Respiro tu aroma
tu presencia merodea
mi silencio.
El humo de la ciudad
me sofoca,
tanta falsedad
enferma.
... y las noticias,
burdeles amarillistas
donde la muerte
es un negocio
un asesino por segundo
y, la vida... un retórico
poema para una élite
escogida.
Aun así,
pensar en ti
es alejarme de la realidad
es como un abono a los años
en una tierra cada vez más
violenta.

INTERIORES

Me asusta todo este cuadro teatral
de historias inventadas,
vestirme con las prendas del invierno
y soñar cuentos de amor surrealista.
Besar fantasmas por las noches
cuando el amor fue masacrado
en la trinchera de la desconfianza
discutir ferviente del ayer
que huyó por el oeste
entre nubarrones de grises parajes.

Mi ventana es una cúspide de anhelos
con ansias de libertad pintada
ahí tejo sueños y los deshago como migajas
que penetran por las rendijas.
Veo con ternura al niño
que juega con su sombra
él es mi espejo
igual que el pájaro que lleva en su pico
la jaula.

AL FINAL

Todo resulta en un eco
de voces perdidas
que la infancia grabó sobre su espejo.
La carne...
Ya hoy adolorida
se refleja en papeles
cual versos perdidos
que no llevan nombre
y ve, con plácido desconsuelo
la luz tenue de una luciérnaga
que brilla en los rincones.
Cada lengua es un delirio
de frases altivas
que posponen síntesis
dentro de la iconoclasta visión
de un mundo apático,
todo resulta ser
una sombra que sigue
siluetas sobre el asfalto
para grabar en piedra
las miradas
que la orfandad olvida.

MARI CALLEALTA TORRES

Diplomada en Ciencias de la Educación por la universidad de Cádiz (España) que compagina su pasión por la enseñanza y el gusto por acercarse a la poesía. Pertenece a la Junta directiva de la Alianza de Creadores Árabes ACA y es delegada en Málaga de PAX - PAZ, ARTE Y CULTURA y vicepresidenta Provincial de Málaga de la Asociación Nacional de Poetas del AL-MAnsura. Expositora poética en encuentros internacionales, miembro de asociaciones de escritores y gestora cultural en formato presencial y virtual. Sus poemas están recogidos en dos libros, antologías y revistas especializadas de la Junta de Andalucía.

Remanso

Es cálido el instante de tacto azul,
mi piel recoge la calma del mar
y reverbera su gozo en el cuerpo
con un misticismo de nenúfar blanco.

Sostenido en la pausa de cada ola,
el tiempo deja de existir en un silencio
que se lleva lejos las voces.

Casi despierta, casi desnuda
apenas percibo que es real su mecida
como si solo fuese cierto el destello de ese sol
que se empapa de luz ante mis ojos.

Resbala la brisa entre el vaivén de las aguas,
espiral caricia de espuma, rizos lobulados
como cuando desliza sus dedos sobre mi pecho.

PLENITUD

He metido la mano en el aire
como quien busca palabras e invoca a la lluvia.

Me abandono al éxtasis de su ritmo,
al roce perfecto de piel y agua.
Alejaría el tiempo para un respiro extenso
que acerque la humedad al delirio de mi lengua.

Solo el cuerpo sabe lo que mi alma quiere
y no pido motivos para nombrarle.

Eran las palabras de amor
péndulos sobre la nuca
y ahora, mírame, atenta a la placidez del susurro
cuando sus labios bordean mi línea continua.

Mírame en esta provocación de la última caricia
porque me siento finita en la turgencia del gozo.

SIMPLEMENTE AMÉ

Las horas se llevan los días sin transiciones,
los entornos permeables de belleza,
aquellas interminables pasiones de piel
que enloquecía de pulso nuestros pechos
pero también aleja la rancia oscuridad
de historias antiguas.
En mis labios queda decir mucho,
decir nada o acumular olvidos
donde nacer mil veces
y volver a morir otras tantas.
Bajo este inventario de palabras,
el soplo de la histeria del tiempo
junto a suspiros desordenados
mientras merman nuestros latidos
cuando los ojos ya no miran de frente
y respiro tu aliento en un amor inventado para ti
como si todo fuese posible.
Pero simplemente amé en la equivocación
y no hay días iguales tras lo vivido.

ENTREGA DE AMOR Y VINO

Llegué a tu encuentro en la certeza
de tocar tus latidos con la yema de los dedos,
de imprimirnos en la piel
para ser, de nuevo, instante.

Llegué en el tiempo de lozanos esquejes
con el pulso agitado de versos,
plácidamente tendida a los cielos
en un brindis por la vida.

Te encontré en el pámpano del arrullo
con los párpados entregados a mis ojos
en la noche de templanza y locura.
Te encontré cuando el deleite volteó mi aliento
en el vértice perfecto de la copa y los labios.

Con el gesto encarnado, sentí el vigor de tu savia
mientras tu aroma tocó la brasa de mi lengua
para ser ánfora de amor y vino
y hacer de nuestro pálpito, eternidad.

Nunca más

Ayer no fue la vida,
busqué entre las lindes de la rutina
cuando mi vientre dejó de engendrarte
y se quedó el cuerpo fuera de tu nombre.
Ayer no fue la vida,
tan solo una trama de latidos irreparables
pero hoy estallan las ganas de la noche
en palabras que pugnan por salir,
se marcan en el rostro
como muecas que pretenden tocar lo finito.
Si cerrase los ojos, mi ayer interminable
buscaría unir los besos a tu aroma
y tus labios serían un dulce celaje
donde prenderme sin prisas
en serenata de una luna que engalana la noche.
Perfumarías mi pecho desnudo
en un regazo de rosas para el arte de amar
pero me quedo pisando el miedo que me acerque a ti
en una acrobacia final sin retorno.
Mejor pensar que ayer no fue la vida.

HÉCTOR JOSÉ RODRÍGUEZ RIVEROL

Músico, compositor y escritor de La Palma, Islas Canarias, España (1974). Ha publicado los libros «Haya», narrativa infantil y «Haya. Para los más pequeños», 2020. En poesía: «Grumos en el cielo» [traducido al portugués] (2021); «Paralelas convergentes» [compartido y traducido al inglés] (2021); «Fragua de preces» Antología poética (2020) [coautor]; «En gerundio, que es efímero» (2019) [Esta obra también fue presentada en Chile]; «Durante el petricor» (2018) y «Amor, subjetivos teoremas» (2016). 2º Premio de Poesía AMULL en abril 2020 (Universidad de La Laguna, S/C de Tenerife, Islas Canarias); 1º Premio Internacional de Poesía «Tinta de escritores» (julio 2019) y 2º Premio de Poesía en el Museo «Casa del Faro», Quequén, Buenos aires, Argentina (enero 2018). Finalista del «I Certamen Literario Fundación Juan Carlos Pérez Santamaría de Relatos» en febrero de 2022; «IV Premio Nacional de Poesía Ateneo mercantil de Valencia» en octubre de 2020; VII Premio Internacional de Poesía «Pilar Fernández Labrador» en abril de 2020. También ha sido finalista en diversos concursos internacionales de poesía y microrrelato de un único poema o texto. Ha sido incluido en más de una treintena de Antologías nacionales e internacionales. Ha sido miembro de jurado en certámenes de distintos géneros literarios. Es prologuista y colaborador de radio. Es coordinador-delegado en la isla de La Palma de las asociaciones Albertine Orleans Creativa (ADOC) y la Asociación de Escritores de Canarias (ACTE). Además, en Abra Canarias Cultural realiza labores de gestor cultural, editor y presentador (esta asociación ha publicado hasta la fecha 18 obras literarias). También es coorganizador del Recital Internacional de Poesía «Vuela alto, Poesía» (Breña Alta 2018, 2019 y 2020), del I Encuentro de Escritores Manuel Pedro González (Breña baja 2021), del evento mensual «Atardecer literario» (Breña Baja) y de diversos recitales virtuales. Ha publicado 5 trabajos discográficos en solitario bajo el pseudónimo «Achesté» y ha tocado y/o fundado diversas formaciones musicales. Correo electrónico:

achesete@gmail.com   abracultural2020@gmail.com
https://www.facebook.com/Hectorjoserguez
https://www.facebook.com/AsociacionAbraCanariasCultural
RECLAMO MELÍFERO Supone un acertijo el carmesí de estos
lirios

Reclamo melífero

Supone un acertijo el carmesí de estos lirios
al sentirse llamarada melífera.
Se maceran las auroras y labran
en el cieno matices con reclamo y pespunte.

El canto de un cirio y su pábilo
traducen todo un pinar de incertidumbres.

La rima del acierto nunca fue jugada sencilla,
se atribuye parpadeo de aroma inacabado
(el mismo que seduce a la humedad del aljibe
y se destila en su marisma).

¿Hasta dónde el sargazo y la ígnea partitura
que sueñan ser poetas en las runas que recubren tu aura?

MIGRAÑAS DEL RELOJ

Es grotesca la barbilla que pone a ras de los charcos
cualquier chirrido que no sea el propio,
la hediondez de los hechos que desbrozan
allí donde las flores reciben al súbito polinizador.
Sacan la techumbre de las espinas,
ocultan los apósitos de un nacimiento,
desarbolan a quien otea por la mirilla del paraíso
y dan un sopapo a las migrañas del reloj.

¿Y si todos los amaneceres fuesen mentira?

¿Es divina la paradoja de dos suspiros
errantes que coinciden en el tiempo?

Aún quedan paisajes de tul y franela.
Tal vez, debieron libar de mis branquias anaranjadas
con en apéndice de unas cartas bocarriba
que se reproducen apátridas.

Atardece en un prostíbulo de colores
que recuerda el nacimiento de una caricia
ejecutada con palabras y timbre a medio cocer.

DE LOS ESCARABAJOS

Añado pulpa y médula a mis lucientes impulsos.
Cabalgo los quicios a destiempo
para fijarme como el gozne al ventanal de tus entrañas.

Hago recuento de pecas en el prado lunero
(soy ellas cuando desembocan en mis ojos)
y masajeo los pies a la insana costumbre
de sentirme humedal de boca sobre boca.

Abro un socavón en tus raíles de rutina
para que no viertas como excusa en este lago itinerante
que no hay pedernal, eslabón ni cerillas
con las que incendiar nuestro caudaloso Edén.

Este sentimiento barroco
es un claustro de aludes insumisos,
un teorema sibilino que repta
para adueñarse de los candelabros y de su llama,
del argot,
de las neuras que salen por la piel
y rasgan vestimentas
para alentar los favores del sonajero,
para dar coba a la cicuta donde la bilis duerme,
para no escuchar el llanto de la mandrágora
en su catarsis migratorio
desde aquí hasta el rubor de las Antípodas.

Y si aún queda hospicio en el alféizar de tus dudas,
       recaba mi visión enajenada
              en la sincronía de los escarabajos.

REATA DE SUEÑOS

Las espigas despuntan
en los setos de un ocaso libertino,
en el pálpito que hurga en sus entrañas.
Su magma es un cabestro bermellón
en constante reata de sueños.

La bruma crepita,
sobre el maizal su murmullo.
El néctar bate sus alas
y el zumbido es un panal per se.

Se vierte todo el oasis del corazón
en los arroyos que contemplan
a la noche cernida de pájaros,
al resuello disidente de las medusas
que acaparan la atención del cielo nocturno.

Me dijo una emoción que no toda lágrima es de tristeza.

Beatriz Novaro

Nació en la Ciudad de México. Ha publicado tres libros de poesía. Un tren de Luz (1982) Editor Caja de resonancia (1983) (Universidad del Estado de México). Desde la banca de un parque (1998). (Conaculta) Ha publicado un cuento infantil: Hombre al cielo. Ha escrito guiones para cine, teatro y ensayo sobre la poesía en el cine.

CASI ES VERDAD

Llega mi padre a decirme que está muerto,
me ofrece el brazo;
bailamos y sabemos que los bailes
se fueron acabando sin que nos diéramos cuenta.
La música se apaga y nos separa,
él a sus cosas, yo a las mías.
La casa enmudece con violencia y mejor salgo.
Las sombras de la calle sugieren que fue otra la casa
como algún día serán otras sus voces.
Subo al cuarto de mi padre a mirar cómo muere,
enciendo la luz,
vuelvo a la calle a mirar su ventana iluminada.
Casi es verdad que no ha muerto.

A Sylvia Plath

ARRANCASTE UN PELO A LA VIDA
y lo muestras sin parpadear siquiera.
Frágil y ancha denuncia tu locura
me hace tomar tu nuca entre mis manos.
Suavizar tu llanto endurecido,
hablarte desde el fondo de los shocks,
romperte la soledad,
celda por celda.
Golpeada la frente
miras a través de un cristal roto.
Gritas aquí está la loca,
la incansable, la madre partida,
la suicida, espiándome en la azotea.
La gruta herida,
la más mortal de las caricias,
la más feroz de las bellezas.
Revolotean prehistóricas golondrinas
que entierras en mi almohada para siempre.

POR LAS NOCHES, MAMÁ DEAMBULABA

Por las noches,
mamá deambulaba en cuartos vacíos,
lloraba sin tregua, entraba a mis sueños.
Son cosas de la edad, decía papá,
un hueco en su voz me advirtió que mentía.
Mamá ya estaba enferma,
creímos que decía cosas para sacarnos de quicio.
"She´s leaving home",
invadida por la canción de los Beatles,
salí sin despedirme.
Mi nueva casa: dos estantes y una cama,
las sábanas raídas.
Me cambié el nombre, Elvira González,
me hice una trenza.
Todo en balde.
Mamá ya no estaba más en su cuerpo,
y yo seguía siendo yo.

ALBAÑILES

Viajan en silencio, a la intemperie,
en la caja de la camioneta,
los torsos desnudos, la cal en la cara.

Saltan en cada bache,
se bambolean sobre costales de arena.
Se agarran de lo pueden.

No ofrecen resistencia
cuando se ladean en las vueltas
del camino de terracería.
Paliacate en el pelo,
dóciles piratas aceptan sin chistar,
los imprevistos del trayecto.

A bordo de una nave improbable,
sin océanos, sin cantos de sirena.
Si acaso, una cumbia agridulce en el radio.

Anclados en la popa,
intento descifrarlos
hasta que los oculta una nube de polvo.

PALOMA GARCÍA CASTELLANOS

México (1958) Doctora de profesión por más de treinta años, Paloma es una persona entregada no solo a la medicina, sino también a las letras. Ha hecho de la poesía su pasión escribiendo para diferentes grupos en la internet donde refleja sus sentimientos de la forma más artística aparte de diversas antologías y revistas literarias.

Tal vez, por su famosa tía, la muy reconocida poeta mexicana, Rosario Castellanos.

Paloma participó en la primera antología de César Curiel "Flores de Youtan Poluo.

ANDA LA MAÑANA POR TU CUERPO

Anda la mañana por tu cuerpo
y se ve tan clara y transparente
con un sabor que busca ser agua
con una blancura de azucena silvestre
Anda por tus pies descalzos firmes
y de paso silencioso invadiendo
mi suelo de líquidas delicias mis paredes
se derriten con tu sombra
Andas por las esquinas de mis horas
con tu ternura recién encontrada
con tus pasiones y tus humedades
aguardándome en todos los espacios
Con tu mirada ambarina volátil,
indescifrable de nuestros besos quemados
en los vientres de los gemidos que pararon
los relojes y los susurros bordados en las sábanas
Anda tu figura por mis parpados
y mi aroma por tus manos rudas tu esencia,
inequívocamente masculina
acelerando el pulso de mis días
Anda la mañana por tu cuerpo
luminosa de pájaros y verdes pastos
con tu desnudez al alcance de mis ojos
con tu torso al vilo de mi lengua

Anda inmaculada de caracolas
en aleatoria fantasía a quemarropa
regando pétalos infinitos de armonía
en el ir y venir de tu anatomía

SOMOS

Somos cuestiones de piezas
no coincidentes que sin encajar
buscan el lado donde les cuadre lo cierto

Somos lo imposible de nuestros posibles
el punto final sin finales que nos sucede
sin avisarnos

Somos lo inexplicable
que no busca traducción lo absurdo,
lo necio que se anuda y desanuda sin razón

Somos la locura que recobra la razón
el sentir en la yema de los dedos
cuando nos tocamos sin tocarnos
y nos desbordamos sin aguacero

Somos la palabra derramada en el vientre
los aleros de las horas disidentes
el dulce beso a dentelladas
el secreto que nos arde en la sangre

Somos un amor en guerra
que aprendió a pactar sus derrotas
y que canta sus victorias a oscuras
cuando el mundo olvida devorar a los amantes

OFICIO DE LETRAS

Incomprensibles somos,
seres huidizos que se visten
de adjetivos neutros en entregas ficticias
anticipadas de humedades
ensalivando el menú de la palabra
Cuajamos los cristales de nuestras nostalgias
en pálidas memorias absueltas
y cetrinas exhaustos de dialogar
con aguaceros incesantes en el arco invertido
de incisivos versos
Seducimos las inmediaciones
de la palabra hasta el punto sensible
de su entrega vistiéndola de invisibles
saciedades cautivas en el jugo
de su rendida lírica Corruptibles,
deleitosas y sumisas se entregan a la vena
del poeta atrincheradas en la apasionada
osadía del verbo ebrio de ardorosos solsticios
La carne misma ya no es carne
se abre a caminos de sueños sin retorno
se queda atrapada en la red efímera
que le tiende el alquimista de las letras
Los labios de la noche resucitan entregándonos
sus virginales estrofas como si los sueños
de los durmientes buscaran la brisa fresca de una pluma
La continuidad del tiempo se hace cómplice
hace lícita la intimidad del verso
en trazos velados con pinceladas
de magia revelándonos amantes
de este oficio de letras

CONFIDENCIA

Siente la confidencia de mi caricia
el agua-hembra que me brota
el ritual de mis fantasías conversas
en urgencias errantes

Tropiezo con tu aroma con tu huella
en mi almohada con tus dedos
en mis caderas con tu sexo savia divina

Voy detrás de tus huellas
en la orilla de la cama y me paseo
entre los pliegues de tu piel morena
Eres mi cómplice mi intimo compañero
mi fervoroso amante mi altar,
mi hombre perfecto
Tízname la noche de azules
subyuga mi regazo a tu deseo
jadea entre mis brazos por tu cuello
tacto y dulzura amancebados
Tú que siembras de sed mi boca
tú que tienes la forma exacta de mi amor
y mis afanes escucha la tinta de mi confidencia

Santa Rosa, Argentina. A pesar de no tener un camino muy recorrido en la literatura, su interés nato por los libros la han convertido en una mujer con una habilidad para las letras, aparte de algunos talleres a los que ha asistido. Su poesía se ha dado a conocer en foros de la internet en donde no ha pasado inadvertida.

Siendo una persona con un carácter sencillo e inteligente, Paula aparte de su pasión por la poesía ha estado en talleres de pintura, gastronomía y ha estudiado fotografía, psicología, pedagogía, ciencias de la educación, filosofía aparte de dominar tres idiomas.

Cuatro de sus poemas se encuentran en la primera antología de César Curiel "Flores de Youtan Poluo".

ALGÚN DÍA

Algún día
vamos a sentarnos
en los bordes
de nuestros recuerdos
y vamos a brindar
por habernos esperado.

SOMOS PENSAMIENTO
arrullo de medianoche
y despertar de ruiseñores.

Somos brío y calma
Melodías de silencio
y eco en la palabra.

Vergel en penumbras.

SOMOS UTOPÍAS TATUADAS EN EL ALMA

Soñador que apagaste la Luna
y hundiste mil estrellas en viajes y utopías...
a medianoche tu magia se esfuma.

Olvidarás mi nombre, borraré tu sombra.
¿Y después? ...
sólo un eco de ausencias
en sutil intento por llenarte el alma.

Intento
delinear tu figura
y saberte de memoria al tacto

Intento
iluminarte en un parpadeo
y encandilar tus ayeres
entre promesas sigilosamente calladas.

Intento
guardar cada instante
para atesorar esos paisajes
que nos convocan una y otra vez...

Entonces...
no me alcanzan los brazos
(...para aferrarme a ese destino)

Tú ... todo
Yo ... plena
En un pensamiento que abraza
la distancia.

HOY TE SOÑÉ DALÍ
eterna danza entre
óleos y acuarelas...

Fragancia atardecida
entre un jazmín y
blancas azucenas

Eternidad en trazos
(... hoy te soñé despierta)

Sancti Spíritus (1972) Narradora y poeta, Licenciada en Estudios Socioculturales, sus obras han sido publicadas fuera de su país natal, por ser una obra de contenido social.

Fragmentaciones del silencio (2020) libro de poesía publicado en Estados Unidos por la editorial Primigenios, Retazos (2021) Secuelas del caos (2021) otros cuentos y poemas han sido publicados en antologías y revistas en Estados Unidos, Suiza, México, España, poemas suyos aparecen en el primer número de la revista de ClassicSurversive de la editorial del mismo nombre anclada en Tampa, próximamente saldrán a la luz dos nuevos títulos que se encuentran en proceso de edición, Almost 90 days, un libro sobre la estancia de la autora en Guyana y Los años del insomnio, ambos de poesía.

Plan C

Escribir
hasta que la arena del desierto abandone la glotis,
las mitocondrias no estén en recesión,
el cansancio abandone los versos donde un día fui libre,
y los destierre de agnóstica cuarteta,
del vientre de un testigo de Jehová,
la muerte de Escobar no sea una pesadilla,
hasta que tenga algo que decir.

SADE

Amanece detrás de las ojeras,
en la manía de no saber dónde me encuentro,
la mano izquierda apaga las alarmas,
invento un pie para la buena suerte,
en el botezo navega la bandera,
un puñado de gracia,
algún pedido
y la certeza que escapé de la asfixia.
Idealizo poetas para decepcionarme.
No basta
la inocencia del latido,
el grito de una generación en ciernes,
marcharse del país con un dátil en el pecho
y una caja torácica demasiado pequeña.
No bastan los domingos,
la libertad detrás de cien fronteras,
el miedo a la masacre,
robar una ciudad que no me pertenece.
No basta
el welcome to Miami,
globos de bienvenida,
una deuda que habita los pulmones
ni los años de versos inconexos.

Memorándum

Pienso que las palabras hay que conquistarlas, viviéndolas
Jorge Luis Borges

Escribo, por si la memoria me abandona,
Por si la chica donde guardé los versos pierde la palabra,
Y al cajón de las fotografías lo arrastra la tormenta,
por si Lennon me visita y un gnomo se pasea los pulmones.
Escribo, para mostrarle al refugiado que la vida es un poema de
vuelta y vuelta,
la guerra es un negocio,
los enviados; máscaras
títulos que decoran la pared.

Puedo ser el asombro frente al guiño de lo incierto, marcha nupcial con quien fracasa,
esquelética sombra de un lienzo que se malogra, bofetada al sexo sin amor, irreverente. En otoño/
Puedo ser
los pies descalzos de la madrugada, humo de hoguera, consomé bajo en rencor, palabra a fuego medio, insomnio,
gota de espasmo en la cubierta, un camino al no retorno, una pizca de sal en la fortuna.
Puedo ser - el golpe que devuelve la inocencia y el capítulo siete.

MARÍA TERESA GLARÍA MEJÍA (MAITÉ GLARÍA)

Nace en Ciego de Ávila, Cuba. Pedagoga, poeta y editora. Licenciada en Educación, especialidades de Español y Literatura, por la Universidad "José Martí" de Camagüey, Cuba. Es Diplomada en Comunicación Social, Gerencia Empresarial, Marketing, Relaciones Públicas y Publicidad. Vivió varios años en México, donde trabajó como editora y comunicadora y colaboró en diversos proyectos de divulgación científica y cultural. Tiene cuatro poemarios publicados: Amazona de fuego; El ala trunca; El próximo destino (dedicado al 500 aniversario de La Habana), y Vientos de Otoño. Sus poemas aparecen en varias antologías como La Habana convida, y Miami, mi rincón querido, de la Editorial Primigenios; Cuba poética y Romance de Luna, de la Editorial Hispana USA; Flores de Youtan Poluo, Colección de César Curiel, Editorial Dos Islas: Carildeando, y Regalo de Abuelos, de la Editorial Voces de Hoy. Además, colabora con poemas, narraciones y artículos literarios y culturales en diversas publicaciones. Actualmente reside en Estados Unidos.

SER ISLA

Mi cuerpo se ha transmutado en isla,
siento el cruce interno de los vientos,
una ola estremece mis entrañas
y mis piernas son raíces en la playa.
Cada árbol es un brazo que me afinca
que me inicia y me reinicia desde adentro,
cada poro de marea me traspasa,
cada arroyo y cada río que allí muere,
muere o nace, pues quién sabe dónde empieza
o cuándo se termina la tristeza.

BARCAZAS

Miro el mar y veo las olas
trayendo restos de barcazas
y lo único de humano que distingo
en esa visión incomprensible
son unos jirones de tela azul
que se han quedado desgarrados
en los clavos expulsados de la madera
podrida por el agua y el sol
de ¿cuántos días?

Y me pregunto qué hay de aquellos
sumergidos en el fondo de los mares
y de los que aún vivos andan extraviados
en las arenas doradas de orillas separadas
por quimeras envueltas en martirios
de banderas descoloridas,
pensamientos vagos y ruinas.

Hay tanta desolación en sus mejillas
tanto que decir sin decir nada
solo angustias ocultas
por la sed y el hambre
de quién sabe cuántos días.

Es una inmensa oscuridad donde los muertos
reclaman justicia a los oídos sordos,
bocas amordazadas por lustros de poder infame
entre calles vibrantes de risas y de miedo.
Y me asalta la duda y el asombro
de que tengan que morir tantos hermanos
en el silencio de barcazas rotas
en el medio de un mar tan solitario
para encontrar un trozo
de algo que parezca libertad.

HOY UN TROZO DE CIUDAD ME OPRIME EL PECHO

Hoy un trozo de ciudad me oprime el pecho.
Es como un jirón de la memoria que me hiere.
Se deja caer sobre mi pecho
y lo mastica.
Me intenta aniquilar pero no puede.
Sigo al borde de la cama.
Aún no logro engarzar todos mis huesos.
El trozo de ciudad
sigue incrustándose en mi pecho.
Alcanzo el diminuto frasco que está cerca.
Me pongo una pastilla debajo de la lengua
y cierro los ojos
para que el trozo de ciudad
en mi memoria
recoja los pedazos de mi pecho
y se repliegue.

Retrato de una intimidad

Hay un dolor que le crece
en las entrañas,
desde los surcos profundos
del silencio.
Hay un terror perenne
que hace suya
la inocencia
y se vuelve eco
en el abismo inconmensurable
de los miedos.
Hay una memoria ausente,
una agonía íntima
abrazándose a los muertos
en la intemperie desgarrada
de su intimidad.

SOLO SOLA

No tengo el corazón cansado.
Solo es un silencio que lo agota.
Una pesadez.
Un dejar de ser.
Un haber sido.
El camino que conozco
ahora me resulta diferente
y al aire le falta el aroma
que hoy no respiro.
Hay un vacío singular.
Una sensación de alma extraviada.
Una soledad en el ocaso.
No tengo el corazón cansado.
Solo estoy sola.

Poeta y narrador mexicano. (1969). Ha publicado: *Cantos del alma y la vida* (2014), *Bajo la sombra del corazón* (2016). Atráeme contigo (2017*) Huellas tras la lluvia* (2020). *Un pájaro ciego sale de mi boca* (2022). Participó en la antología: *Equilibrios contrarios*, tributo a Federico García Lorca (2015). En la antología local del Estado de Oregón Portland titulada: *Antología de la poesía Oregoniana* (2018). En la antología *Hacer arte con las palabras* 2019 (EE.UU.). En la antología titulada: La otra voz (2020), y en la antología *Flores de Youtan Poluo* (2021). Obtuvo el Accésit de poesía en el V Concurso Internacional María Eloísa García Lorca con la obra titulada: Vendrá la noche, llevado a cabo por la Unión Nacional de Escritores de España. (UNEE). (2017).

Así como el tercer lugar en la primera edición del concurso literario LETRA D' KMBIO, con la obra titulada: Que sangren mis manos, en la Habana Cuba. (2017).

También recibió una mención en el concurso: Hacer arte con las palabras 2019 (EE.UU.). Convocado por Art Emporium Gallery of Miami con el poema: Canto del náufrago I.

Ha colaborado con algunas revistas literarias y blogs internacionales como: Calle B (Cuba), Metaforología (Miami), La casa que soy, (Venezuela) Nigara, (Miami) Monolito, (México) Pluma y Tintero, (España) Ave Lamia, (México) Trinando (Colombia), Fábula (España), Guatiní (Cuba), Sentido Figurado (México), Lyrics & Poetry (Miami), Nudo Gordiano (México) y Trasdemar (España).

CUANDO OLVIDAMOS ENCENDER LA OSCURIDAD

No era el amor /ni el camino elegido
ni el caudal que arremete
contra los designios
ni el lenguaje de la verdad
eran los sitios deslumbrantes
cegados por un rostro
por la llama descendente
hasta el drama imposible de la renuncia.

Fuel el vértigo necesario para sobrevivir
a nuestra única caída
perdidos en la mentira
en la duda que sustituye las voces
convertidas en fragmentos.

No era el mismo amor /ni la alianza
de aquellas dos miradas
compartidas en la oscuridad
ni las lágrimas ignoradas
al florecer los cerezos
ni la interrogación detrás de la puerta
cuando olvidamos encender la oscuridad
cuando la única sospecha era el dolor
que se necesita para juntar residuos.

Inútil son los disfraces
para curar lo sangrado.

No hay clemencia más sórdida
que esta maldición errática
ni eslabones que ignoren
con acertijos este vacío
imposible de alumbrar.

También el humo quema
lo vital de la carne
basta con fingir otra fábula
otras cenizas como barro
para esperar los ojos de la muerte
y ser mi propia cruz
una encallada gotera
que arde gloriosa
en su sufrimiento.

Toda oscuridad es un espejismo
una falsa ceguera.

CUERPO AUSENTE

Solo quedan las hojas en la ventana
donde el amor agredió con su osadía.
Son las huellas para poder remplazar
con las manos atadas a las despedidas.

Hay un pedazo de oscuridad ardiendo
es el juego de la conversación
contra las mismas preguntas.
Nadie reconoce la puerta ausente
ni los golpes que al corazón retornan.
Cada hoja es un adiós ligado a la muerte
que se arrastra ajena a su cruz.

Quizás no baste la imagen de un pájaro
sobre la ventana /para hundir la efímera
sombra que ha partido al amanecer.
Hemos vaciado el discurso que amarga
la sed al borde de lo elegido.

Ya no serán los espejos el espacio
a lo que hemos de renunciar.
Si el amor olvida todo /la promesa
en su misma condena se parte.

CUANDO EL DOLOR
es una luz apresada
el derrumbe misterioso
a través de lo inesperado.

Cuando todo es posible
aun siendo la muerte
un atentado más
sobre la misma herida.

Cuando ordenar este vacío
es como abrirse
a las profundidades
que perturban y prolongan
la oscuridad repentina.

UN SITIO PARA RECONOCER LA MUERTE
otro rostro en la hendidura
el escenario adentrándose
más allá de este cuerpo.

Inevitable esta cruz
donde cuelgan dos corazones
la densidad entre dos líneas
para extraviarnos
y traducir la voz
el grito pasmado que traiciona
las manos que incendian
el final de estas palabras.

Restituir las heridas
el desequilibrio
el sobresalto que nos oculta de la luz.
Acudimos al silencio
para trazar nuestro dolor
convertidos en víctima.

Sobrevivir es a veces extraviarnos
al lado de la oscuridad.

CARLOS ALBERTO CASANOVA OLIVA

Nace en Santa Clara, Cuba, en 1962. Profesor de Economía y de Historia mientras vivió en Cuba. Grado de doctor en Geografía, Urbanismo y Ordenamiento del territorio por la universidad Paris III – Sorbonne Nouvelle. Escribe desde sus años de infancia, época en la cual obtuvo un premio nacional de cuento (Semanario Pionero,1973). Autor de varios cuadernos de poesía, (Espacio para pensar en gris, Poemas de la prisa, Vidrio en las pupilas, entre otros. Un hombre parecido al mañana (Editorial Dos Islas, 2022) reúne los cuadernos Anotaciones al margen de tu aliento y Pretendo ser un hombre que conozco. Autor igualmente de La vida húmeda (Primigenios, 2020); Claudia Augusta, la calzada romana en bicicleta (Ceace, 2021), El Camino a Santiago de Compostela, peregrinaje en bicicleta (Ceace, 2021) y La aventura bávara (Ceace, 2021) hacen parte de la serie Caminos en bicicleta. Barrancos de nostalgia y Brevedad del desahogo, son dos cuadernos de narraciones, ambos inéditos, que reúnen una parte de su trabajo literario. Ha publicado esporádicamente en revistas (Revista Indicios, Colombia), y en publicaciones literarias (Brotes, Santa Clara, Cuba). Poemas suyos aparecen en Ínsulas al pairo, que reúne la obra de un grupo de poetas cubanos contemporáneos radicados en París. Actualmente vive en el sur de Francia.

Ofrecimiento espacial lejos de Baikonur

Te exijo un astro
 y me ofreces
        dos asteroides bañados de miel.
Te empujo a alcanzar la luna
y apenas puedes llegar a mí
porque la traes en tu bolsillo
tu bolsillo de las cosas posibles,

me colmas de reproches tiernos
                y ternuras desafiantes
me muestras que sabes
        besar mis insolencias
        golpear con tu dedo mayor
        y pasear al borde del mañana,

me exiges un ramo de flores
en cada frase de una oración
            vieja como la vida,
y solo puedo ofrecerme a ti.

Paris, junio 1998

La guerra es un ángel si al final reparte Pan a todos

La guerra ha quedado encinta por última vez
                    sentada
en el comienzo gris de una batalla
frente al hito que marca
lo fiero de su muda estructura.
Un suspiro vestido de hombre
se ha quitado la chaqueta
            el bastón lo ha tirado
y con las manos de sombrero
se ha puesto a llorar sin temor
en lo oscuro del café servido en una tina.
Una mujer
en el estropeado corretear de las danzas
            vuelve la cabeza a medias
jugándose un dolor de semillas viejas,
            sube en cada paso y canta dormida
                sobre un tablero de ajedrez, quizás
                sobre una cuadra de caballos ángeles,
            mide la abundancia con colores enfermos
recoge una línea que demarca la ansiedad
        y rompe una nota de su garganta
capaz de matar los brincos nacidos en marzo.
Los niños calzan un número gigante
        y duermen acostados en el zapato,
su único pie ligero
            le sostiene los dolores en una pena
            arman el bullicio atravesado por lanzas
        y lamen su pie
su único pie ligero.
El hombre vino a morder su siesta
cuando la mujer daba el pecho a las golondrinas,
los niños no despiertan en el aire
porque danzan con alas felices.

La guerra pare conflictos y quejidos

es una madre vergonzosa
se moja en cada aguacero de sueños
y tiñe de rojo cada sabor a muerte.

Santa Clara, 1983

EXAMEN DE CIRCO

(a mis alumnos del curso 1983-84)

Afuera el sol trata de engañar
        el viento hace torbellinos
                juega a girar los árboles
las hojas caen
                quemadas de sol
                tapizadas de grafito,
ruido como todas las tardes
a la izquierda del miedo
murmuraciones
una voz que metaliza el espacio
silencio esparcido por el aire
gente joven callada
escribanos del tiempo numerado
fino pantalón el domador
pupilas miopes
presa y domador
gente joven impaciente
guiño a la derecha
clave de cinco para la cuatro
respuestas y borrones
faltando doce minutos
a un descuido se lamen las intenciones
el sol se burló de todos
el cielo se echó sobre los hombros
un puñado de razones húmedas
salen de su jaula las fieras
        enojadas
        orgullosas de su osadía
                las más atrevidas
salen
        mirando el curso del viento
        que aún tiene polvo que levantar.

                                    Santa Clara, 1984

Recuento breve de la disciplina

Esperar
Volar
Descubrir
Volver
Saltar
Encontrarte
Vivir sobre tus piedras
Amarte
Navegar entre tus aguas
Partir
Buscar un lugar en la línea
Devenir cobarde en la flecha
Descender al enigma
Escribir un mensaje a Dios
Cuantificar tu ausencia
Saldar mis cuentas con la época
Callar
Añorar
Aprender tu ritmo
y esconder el llanto en el armario.

                                        Paris, noviembre de 1997

Nace en la Habana en 1971 Instructora de Arte en la Especialidad de Teatro: 2004 Licenciada en Español Literatura: 2007. Actriz 1er. Nivel Conductora de la Tertulia Literaria Espacio Tatuado Coordinadora en Cuba del Movimiento de Poetas por La Paz con sede en Canadá. Tiene numerosos premios y reconocimientos nacionales e internacionales.

LIBROS PUBLICADOS

"Morir sin muerte" (Zamora, México, 2013)

"Morir sin muerte" (La Habana, Cuba, 2013)

"Mujer en los andenes" (La Habana, 2017)

PUBLICACIONES COLECTIVAS:

Revista "Alma Mater" (1999)

Revista Azahar (Cádiz, España)

Antología Poética "Unidos por la Poesía" (Galicia, España, 2008)

Antología Poética "Otras Islas" (La Habana, Cuba, 2008)

Antología Poética "El ojo de la luz" (Italia, 2009)

Antología Poética "Espacio Mínimo" (La Habana, 2009)

Antología poética para niños "Navegas Isla de Oro" (La Habana, 2009)

Antología de la "Nueva poesía cubana"1979-2010 (Perú, 2010)

Antología "Esta cárcel de aire puro" Tomo II (La Habana, Cuba, 2010)

Antología "Aguas Varias, poemas en tertulia". (La Habana, Cuba, 2011)

Antología Poética "Poesía Festival" Editorial OwlCrowPress. EEUU 2012

Antología poética "La isla en verso II, III, IV" (Chile, 2014, 2015, 2016)

Antología poética "La isla escrita, 35 poetas cubanos, 2000-2015" (Argentina, 2015)

Antología poética "Poemas desde el sur" (Canadá, 2015)

Antología poética "Letras sin fronteras" (El Salvador, 2015)

GRUPOS LITERARIOS A LOS QUE PERTENECE:

• Grupo "Ala Décima"

- Movimiento de Poetas por La Paz
- Movimiento Poetas del Mundo

CÁPSULA

La noche es un canto de puertas con estiércol de mar. Me condenan, en esa resurrección o catarsis de la inmortalidad mis piernas se tuercen y algo de culpa brota en ese aullido que despide el pensamiento.

La luz me quema... Levitaré con prisa. Qué somos en el convite, gigantes que huyen del paraíso con visa de ateos... Estamos como al principio, sin libertad, y la platea continúa su marcha. El vacío nos burla. Quién aguarda en el umbral. Frente a los vidrios, el cadáver de mi sombra es un dolor impredecible. Voy al mundo, ingrávida, mañana es una esa línea de sangre, vestida con yerbas de exorcismos.

Cuerpo tocado por las ausencias

Aún flota en el arrecife el uniforme del marinero ahogado. Su cuerpo era un quejido en una habitación estremecida por escombros.

Aquella noche lloró por la anciana que ha vivido rodeada de agua por todas partes. Nunca pudo morder, arañar ni gemir más allá de las ventanas.

El marinero perseguía una gota de luz. Al caer sobre la mesa nadie lo miró. Solo el mar, al descubrir sus criaturas, lo hizo más cuerdo a una soledad de rocas que sueñan volverse mundo.

PONZOÑA

El miedo se harta de tener gente en su memoria. Qué esconde la palabra: un soldado sin justicia. Soy hembra del mundo y devuelvo a Caronte su estandarte de sombras. Quién fuera Dios y salir del viento con las manos limpias. Quién fuera el gendarme que huye y salva los hijos que no tendré.
La luz no basta, y él dispone la partida. Lunas inician sus desahogos de muerte. No quiero ser perro que persigue, pintor de historias viejas, transeúnte en medio de una culpa inverosímil. Qué sentido tiene ofrecer tu resplandor a una turba tabernaria. Yo sólo quiero una ponzoña: beber y beber versos.

SUICIDIO

Hoy alcanzo muerte. Huyo del no verso. Hoy es la primera vez que me doy cuenta de la presencia de la vida. Nunca, sino ahora, ha habido lucha. Todo se rompe como principio y fin de la materia.

Aunque el viento es culpa que traiciona, somos pájaros y sangre. Te busqué para morirme. Nunca, sino ahora, ha habido casas y avenidas, aire y horizontes. Sálvame, quién seas, el odio está en mi carne, estoy desnuda, dispuesta a morder y no tengo grito para engendrar al mundo. Diálogo entre padre e hija.

Nació en Güines en 1942. Obtuvo varios premios y reconocimientos importantes. Escribió y dirigió programas campesinos en la radio y la televisión en su país (Cuba) Ha sido incluido en varias antologías tanto en Cuba como en el extranjero. Parte de sus poemas han sido traducidos al inglés y al italiano. Filmó un documental en Italia, bajo la dirección del Cineasta David Riondino y publicado también en un libro por el mismo cineasta en español e italiano. Vive Miami desde 1992.

Libros publicados:

El rumbo de mi sangre. (UNEAC 1979)

La exacta Memoria. (Miami 1994)

Nube y Espuma. (Miami 1999)

Un punto en el tiempo. (Recopilación 2002)

Los ojos en la Isla. (Editoria Iduna 2006)

De la Isla, la familia y otros recuerdos (Editorial Iduna 2007)

Los días de otro almanaque (Editorial Iduna 2008)

Después de la ceniza (Editorial Iduna 2010)

De la palabra y el espejo (Editorial Velámenes 2011)

De la luz su fondo (Editorial Silueta 2012)

HOMBREQUEMIRA (Editoria ERIGINAL BOOK 2013)

La palabra en el espejo (Antología. Editorial Letras Cubanas 2014)

El otro lado del rostro. (Editorial ERIGINAL BOOK 2016.

Odas, elegías güineras y otros poemas. (Voces de hoy 2020).

A TI QUE MUCHO HEMOS HABLADO

"Hola padre mío. Hola.
Joven-viejo de mis ojos.
No vengo hablarte de abrojos
de amores ni que estoy sola.
Vengo a ti con una ola
de sombras y de preguntas:
¿Por qué tantas penas juntas
clavadas en la bandera
y en su estrella una manera
de sangrar por cinco puntas?

¿Porque el Martí que me diste
cuando niña no es el mismo?
¿Porque este continuo abismo
entre nosotros existe?
¿Porque de no verte, triste
tengo el rostro del maltrato,
Y para besarte un rato
empujada por la queja,
debo acudir a la vieja
amarillez de un retrato.?

¿Porque si decías que el mar
era un azul predilecto,
ahora es un negror dialecto
hablando para matar.?
¿Porque la palabra amar,
ya no se lee en la arena?
¿Porque como una condena
-miel goteada de tristura, -
hay náufragos de amargura
ahogados en la colmena?

¿Por qué en el parque resbala
un gris que ha dolor se escucha
y en los árboles hay mucha

soledad de vuelo y ala.?
¿Por qué se ha vuelto una bala
el aire que se respira?
¿Por qué la patria es la ira
de un abandono en plural?
¿Qué la verdad es un mal
y qué es un bien la mentira?

¿Por qué la rota ilusión
de la alacena en penumbra?
¿Por qué la sangre le herrumbra
paredes al corazón?
¿Por qué herida y algodón
se aíslan, sudan sombríos?
¿Por qué la sed y los ríos
tienen fronteras de alambre
y andan fantasmas del hambre
los almacenes vacíos"?

¡"Ay, hija mía del alma,
es que en un aire traidor,
se desvaneció el color
tradicional de la palma!
Se volvió ripio la calma
bajo roja tempestad
y en una perpetuidad
de ceguera enrojecida
se tornó en reja la vida
y en reo la libertad.

Se pudrieron las raíces
que a sangre y plomo sembraron
los mártires... (Los mataron
otra vez los infelices,
que a espaldas de los mambises
ríen, festejan, se imponen;
y hacen que angustias entonen
sus himnos de formas fatuas;

y hacia adentro las estatuas
de no ser se desmoronen.)

Somos sin patria. La han hecho
de polvo con apariencia...
Le han burlado la existencia,
le han hecho cruces el pecho.
Le han suprimido el derecho.
la voz, la historia, los bríos,
y sumándole vacíos
a su espíritu mambí,
le han reanudado a Martí
el calvario de Dos Ríos".

Bajo el arco de esta cordura que me alumbra
Escucha, hermano, escucha...
Bueno. Y que no me vaya sin llevar diciembres.
CÉSAR VALLEJO.

¿QUÉ ESTOY LOCO?
Qué me arranco la cabeza.
Qué la tomo en mis manos.
Qué no domo mis impulsos.
Qué en un flanco terrenal me vuelvo blanco
o negro según la diana,
de ayer, de ahora, de mañana,
-inyección, droga, anestesia-
biblia y oración: Iglesia,
azote, monje, sotana...

Incienso que a mano lijo
y que células escalda,
con lágrimas a la espalda
del rezo y del crucifijo.
Qué entre el calvario y el hijo,
la luz se apaga tres días.
Miedos, nieblas, agonías
y en la tumba gris, luctuosa,
en la carne que reposa
espera un tiempo el Mesías?

¿Qué estoy loco o casi loco?
¿Qué me halo dedos aprisa?
Qué hago pétalos la brisa
cuando las espinas toco?
Qué para encender un foco
apago una estrella vieja?
Qué para echar una reja
abajo y librar alientos,
me hago amigo de los vientos,
de la sonrisa y la queja?

273

Loco porque en los salientes
de la casa, oído viajero,
oigo como el aguacero
baja y se rompe los dientes?
Porque se ponen decentes
los pájaros tras la lluvia.
Porque en mi sangre diluvia
nube de pólvora roja
y en el país de una hoja
la tierra se pone rubia.

Loco porque mi fortuna
es ir a ratos al mar,
para ponerme a contar
cuentos de sal y de luna
Para olvidar una a una
tus noches de no ser mía.
Loco de un alma vacía
vagando sombra y distancia,
Porque eres una abundancia
de recuerdos todavía

Loco porqué tras la vida
soy una muerte resuelta,
o una ráfaga devuelta
por un aire en despedida.
Loco porqué sin herida
soy un cuchillo muriente.
Loco, bohemio, obediente
a una locura de paso,
y de la memoria al vaso
seis décadas de aguardiente.

Loco porque entre las flores
soy de miel profundizada
y más que carne golpeada
bálsamo de los dolores.
Porque el pan de mis amores

mata el hambre de la hormiga.
Que soy de luz en la espiga
y música en cada cuerda:
Que Dios bendiga mi cuerda
locura...Dios la bendiga!

CINEMATÓGRAFO

A los raros coincidentes

Me llevo a la cama...
Uno el mentón a mis rodillas.
Cierro los ojos.
Hay millas de recuerdos en ayuno que clarean...
Los reúno, les doy barniz y lugar...
¡Qué éxtasis da recordar
esas oleadas que envuelven,
igual que se van y vuelven
las espumas con el mar.!

Me ajusto a mí.
Con mi pose forcejea algún misterio de los muchos.
(¡Todo es serio!)
Un pétalo se descose con hambre de fiebre y tose
una timidez absurda,
que tal vez es gris y burda...
¡Ay, qué recuerdos, qué largos,
sentimentales y amargos,
de aquella muchacha zurda!

Cruzan imágenes llenas
de turbulencias y nieves;
y otras, cuyos pasos leves,
andan memorias y venas.
(Alguien coloca azucenas
en un búcaro olvidado...)
Y desnuda y a mi lado,
bien armada y nada oculta,
la soledad que me abulta,
ama y quiere demasiado.

Pasan sonrisas, ladridos,
muecas, penas, agonías;
pájaros de lejanías muertos.

¿Qué se harán los nidos?
Marineros aturdidos de las tabernas oscuras
Ritos, deidades, usuras,
y almanaques casi viejos;
llenos de rostros perplejos
y acentuadas amarguras.

El hambre a mano tendida
de niños rotos y grises...
Presidentes que a países
le ladronean la vida.
La navaja y la dolida
sangre que gime y gotea;
y envueltos por una idea
de inexpresivos dibujos
los fantasmas y los brujos
de irreconocible aldea.

Pasan Vallejo y el Sena,
los campos Elíseos...
Eiffel se ripia un poco la piel,
grita y rabia, desordena
impulsos de luna llena,
noches de agotados brillos,
y enmoheciendo pasillos
del alma que los requinta,
notarios de doble tinta
y casados sin anillos.

Pasan tambores, mulatas,
cabarés de blancas rejas,
tejados de húmedas tejas
y ojos de gatos y gatas.
Ruido de gastadas latas
de cerveza compartida...
Pañuelos en despedida
con lágrimas en suceso,
y bocas detrás de un beso

sonando a sueño y a herida.

Pasan...
Pasan...
Todo pasa...
Me viro...
Casi me duermo...
Se cae un minuto enfermo de los relojes...
La casa comienza a ponerse escasa...
La atmósfera va cambiando...
Y entre pensando y ahondando
en lo que no exijo y doy,
abro los ojos y voy
pasando, siempre pasando...

ALEIDA LLIRALDI

Periodista y poeta cubana residente en los Estados Unidos.
Su primer poemario, "Junto a la ventana", fue publicado por la editorial Vitrales en el 2018. Más recientemente, se presentó en la biblioteca visual de autores cubanos Sentado en el aire, del poeta Juan Carlos Recio. Además, sirvió como jurado en el Concurso Internacional de Poesía "El mundo lleva alas" (2019), convocado por la editorial Voces de Hoy y tres de sus poemas fueron incluidos en la antología "La Habana convida" de la editorial Primigenios, dedicada al 500 aniversario de la Fundación de la ciudad. A lo largo de su carrera, ha colaborado con antologías, escritos prólogos de libros como el más reciente trabajo del poeta y escritor Rolando Lorié y ha cursado postgrados en especialidades culturales y de periodismo informativo. Aleida es graduada de periodismo de la Universidad de la Habana y realizó estudios en la Escuela Nacional de Arte en la especialidad de Artes Escénicas en Cuba. Actualmente, radica en Carolina del Norte, Recientemente público, "Entre Mundos sin nombres" (Editorial Dos islas Miami). Tiene una novela inédita.

DÍAS

Los relojes van más lentos el lunes
cuando ausencia es una palabra viva
que enmudece las horas y los días.
Tú estás en otro lecho ahora sin memoria,
espacio o lumbre estremecida.
Sólo tú eres capaz de amedrentar mi sed,
y encontrarme un viernes renacida.

GIROS

Somos la rareza de dos mundos opuestos
una mezcla agridulce de llanto con sonrisa
el infantil tiovivo de cisnes, elefantes
la campana sonando después de cada giro
esa mueca al bajarnos y romper el hechizo
entender que los sueños se marchitan dos veces
cuando pasan los años, con ellos los recuerdos
cuando miras tu foto cuarteada en el espejo.

SALTA

Preciso de la sombra detrás de aquel naranjo/
como cuando era niña/
lloraba la raíz y sin tocar el suelo la pelota
saltaba/
yo recogía flores y tú me respondías/
Salta
Salta
que ya llega el final mientras todos saltamos/
Preciso conocer el silencio ingenuo de esa voz/
hundirme en rimas feroces escritas con sangre/
Preciso de esa furia presente en mi pelota donde
también detrás se perdió mi niñez/
El poema no existe ni existe la poesía/
solo existe la piel que da vida a la prosa/
y hace inútil los versos que escribimos ayer.

AUSENCIA

Larga y tendida sobre la cama
contemplo un cielo raso plagado
de telarañas, de grietas como
ciudades, claroscuros y sombras.
Termino por deshacerme del mapa
indescifrable que compone mi vida.
Me cubro con el chal, me reclino en
la mesa, sobre el polvo impreciso
siluetean mis dedos las notas
olvidadas de tu canción de cuna.

JUAN CARLOS RECIO MARTÍNEZ

(Santa Clara, CUBA 1968). Ha publicado los poemarios *El buscaluz colgado* (Editorial Capiro, 1991), Premio Fundación de la Ciudad de Santa Clara); *La pasión del ignorante* (Ediciones *Hoy no he Visto el Paraíso*, 2011) y *Sentado en el aire* (Capiro, 2011). *Para Matarlos a todos* Neoclub Ediciones 2017.

Poemas suyos han aparecido en revistas impresas y digitales de EUA, Cuba, Canadá y España. Publica en su blog (sentado en el aire, http:// elsitiodelaluz.blogspot.com/).   Actualmente trabaja en La Biblioteca Visual de Autores Cubanos del canal Sentado en el aire.

Actualmente reside en la Florida

SENTADO EN EL AIRE/blog de Juan Carlos Recio

NO LA DIGAS

No digas toda tu verdad
es falso el interés de los que escuchan
cada uno es el emisario de su estigma
y no van a responder con la suya
nadie dice por completo lo que piensa
es más que un método, el recurso
de cada acción que los instiga
y se trata de que ellos también
son instigadores.
Cada uno sobrevive
sin que los obligue
la soberbia por la que escogen
no dejarse acosar.
No, no digas toda tú verdad,
 ni por arrepentido,
no intentes comunicar un sentimiento
con el que crees,
le vas a salvar de algún bochorno
de algún horizonte un día
que además ya sabes
se los irá a tragar.
Deja cada frío corazón en su misterio
los inocentes terminan
entendidos en su inconforme lucidez
y luego toman el arma y aniquilan
ellos nunca dijeron nada de su verdad.
La mayoría de las veces
"dormimos con el enemigo"
que supo de tu boca los secretos
y sabe cómo humillar mientras domina
cada uno de los sitios
donde crees, transparenta,
la nobleza de tu estilo.
La vida tuerce esas jugadas
y cuando crees que ellos te aman
por ser esa verdad

resulta que su complejo de envidia
te hará pedazos bajo la metralla
incluso con la misma cautela
te ocultan ante los otros
y terminas por ser visto
como un idiota, o como un demonio.
No, no contradigas la verdad de nadie
son tiempos donde si vas a salvarte de algo
es imposible que te represente
aquella época de romanticismo
por la que salías del cine
como el héroe anónimo de la película
y todos miraban para ver
esa manera fantasiosa de transparentar
la lucidez de tu propia imaginación.
Y luego, alguien cantaba
la letra de una estrofa que te pertenecía.

LOS VERDADEROS DÍAS

Este es el cielo azul
el mismo
de todas partes
donde se pueda mirar
al fondo de los ojos
como cristales en la luz
y ver tus manos tus pies
tener la cabeza derecha
es un día digno
para estar vivo
agradecer
la dignidad
de las cosas.
No digan que no
he dicho nada
de lo que no dijeran
lo nuevo acaso
es descubrir
que la mente y el cielo
de un azul
son la nitidez
de una simple bondad
bajo la que respiras
ese aire importante
de pertenecer
a una selección
de los elegidos
"de siete en siete
de macho y de hembra
sobre la faz".
Anoche miré
desde un cristal
y lo predije
que bajo el cielo azul
del día después
como la luna

en la claridad
de mis pensamientos
lo tendría.
Heme aquí
en la tibieza
como un banco
bajo un árbol
pero sin sombra.
Igual que la luz aquella
en los ojos
desde los sitios
donde "las almas
 que se amaron
éramos tú y yo"
Aunque el azul
es un instrumento
de acuerdo
a la memoria
que ya no desea recordar
ningún gris
hay almas que van desaforadas
a las luces
que de lejos las guíen
y hay días
en los que mortifica
la demasiada claridad
de las mentes oscuras.

PIÉNSALO DOS VECES

Desde que estuvo en la cárcel
no había podido silbar
uno no silba en una cárcel
solo agoniza
y miro en sus ojos
 un ave que respira
mientras se queda
en ese vuelo raso
de las personas
que el simple acto
de un día
 ahora los transforma.
"Una vez- prosigue"
en mi desesperación
me inyecto petróleo"-
crudo como la realidad
me veo de pronto
ante un cadáver exquisito
de la sobrevida;
y culmina:
"nadie podrá juzgar nunca
con apelación para alguna justicia
si la muerte es solo
el peso de la lengua
de lo que los otros dicen
y nos duele
el verdugo también es tu cabeza
que solo piensa en coro
hace de su expresión
una cruz y la devora
 desgracia que cargamos"
y solo comienzo a silbar
para que el llanto
sea más apropiado
de hombres,
-que lo que importa

es la canción de Phils-
tú y yo ahora
un día más en el paraíso
aunque nadie sabe
si la marca de una bestia
es un rastro en apariencia perdido
que no nos irá a sanar
de algún fantasma que regresa
de ese sepulcro de la cicatriz
de aquel tiempo
en la que todo como en la cárcel
nos impedía silbar.

Nace en Jaral del Progreso, Gto., México, 1971) estudió Filosofía en la Universidad de Guanajuato. Se ha formado en diversos talleres de poesía y fue becaria del Fondo Estatal para la Cultura y las Artes durante 2000 y 2002. Ha ejercido la promoción y difusión cultural (oficial e independiente) y publicado en periódicos, y revistas de diversos formatos. Participó en encuentros regionales y nacionales, y ha coordinado talleres de lectoescritura. Publicó los poemarios Los días de luz amarilla (2002), Melussinna o del perenne aroma de claveles y La oscuridad del origen (en un solo volumen, 2009), El cuerpo que me lleva (2013) y El invierno en la venta (2022). Ha sido incluída en varias antologías publicadas en Oregon y en México. Ganadora del Primer concurso de poesía oregoniana (2018) y del concurso de la Oregon Poetry Osociation (Fall 2020) en la categoría de español. Actualmente tiene un programa de radio (estación comunitaria Radio Poder) y participa en diferentes proyectos en la Salem Poetry Project y otras agrupaciones de poesía que difunden la poesía escrita en lengua española, es coordinadora del Taller de escritura creativa "Migranta" (dirigido a mexicanas radicadas en Oregon) y se desempeña en el área de desarrollo humano impartiendo círculos de sanación y charlas informativas entre la comunidad hispanohablante, y como Mentora en Recuperación de Adicciones y Salud Mental.

INTENTO DE POEMA DE AMOR

Tú no eres sino mis huesos
hundidos en mares ya desaparecidos
muertos desde siempre
oscurecidos por el principio que nunca tuvo lugar
en un universo sin fin que disminuye.
Eres el vacío que sentía desde siempre
ahíto con el desprecio de tu carne
con raspadura de fruta sobre tu piel
que hiela el gusto y se roba la luz del día
sin dejar siquiera una sombra.
Has perdido la identidad de tu semblante
no eres lo pensado
mi pensamiento ha naufragado
has apagado mis soles
mi cielo nocturno perdió sus astros
que han caído sobre mí
como arenas arrastradas por el tiempo
me he puesto mis ropajes de tule
he colgado de mi cuello las gemas
y los metales preciosos de la ternura
pero han sido tantos los ardides cincelando
la brillantez del día
que ya no tengo miradas que brindarte
ya no tengo tu forma entre mis manos
no nos encontramos más en nuestros sueños
y ni la profundidad del horizonte
es lugar para saciar la sed que me consume
ni el cielo espacio para el vuelo de mis silencios
ni contiene mis días de albas ausentes
torrente de mis mieles rotas.

PREGUNTA

¿Soy este costal de polvo
pretendiendo huir
este cúmulo de gastos que me ahoga?
¿Una red rebosante de peces que luchan
por si romperla pudieran?

Respuesta:

Soy una cicatriz
con mi nombre marcado
en el espejo
un más allá
que allá se queda
en el envés
del cuerpo
que es el mío
humo que huye
dolor que
se
p
r
e
c
i
p
i
t
a
por el vacío
ahondando
la oscuridad
donde nada hay
n a d a.

PARÉNTESIS

Unas palabras quebrantan su temple
como la ola desgarrada por el risco.
Llora como un cachorro abandonado
a la a inclemencia del invierno en la noche
solloza, humedece sus mejillas como un océano
se estremece y el miedo le hace presa
del sentimiento de una hoja seca
en mitad del camino
padeciendo la cuarteadura.
El dolor a la media noche intensifica
el derrumbe de la fortaleza
y la presiona el pecho
como si la oscuridad fuera un objeto
pesado que le obliga a contraerse.
Se imagina que no tiene a dónde ir
que no hay más lugar que ese fragmento
de suelo sobre el que posa sus pies
y se tira para no perder el equilibrio.
Últimamente le da por abrazarse el vientre
y hablar con él
como si dentro hubiera alguien
que la comprendiera
y pudiera consolarla.

NIÑEZ HERIDA

Esa vena cortada
a lo largo
no sangra más
por no tener ya qué sangrar

cicatriz que no resarce
la herida que es

se eterniza
por la obstinación del cuerpo
y la memoria cautiva
en la voluntad del dolor.

JOAQUÍN GÁLVEZ

Nace en La Habana, 1965. Poeta, ensayista, periodista y editor. Reside en Estados Unidos desde 1989. Se licenció en Humanidades en la Universidad Barry y obtuvo una Maestría en Bibliotecología y Ciencias de la Información en la Universidad del Sur de la Florida. Ha publicado los poemarios Alguien canta en la resaca (Término Editorial, Cincinnati, 2000), El viaje de los elegidos (Betania, Madrid, 2005), Trilogía del paria (Editorial Silueta, Miami, 2007), Hábitat (Neo Club Ediciones, Miami, 2013) y Retrato desde la cuerda floja (Poemas escogidos 1985-2012, Editorial Verbum, Madrid, 2016). Textos suyos aparecen recogidos en numerosas antologías y publicaciones en Estados Unidos, Europa y América Latina. Desde 2009, coordina el blog y la tertulia La Otra Esquina de las Palabras. De 2015 a 2017, fue miembro del Consejo de Dirección de la revista Signum Nous. En la actualidad dirige Insularis Magazine, revista digital de Literatura, Arte y Pensamiento.

Responso por Jim Morrison

Él hizo del caos un código.
Dijo: "el mundo no es distancia para una cabalgata
mayor".
Por lo que prefirió encerrarse en el vasto monasterio
de su alucinación.
Entonces se abrieron esas puertas,
y penetró en la oscuridad de un pasadizo
cuyo final –supuso- era la luz.

Él, fiel monje de la profanación, nos invitó
a escupir todos los límites,
hasta llegar a ese otro territorio en que desaparecen
                    El Demonio y Dios.
Mas lo siguió llamando, desde el fondo, una voz,
y siguió cabalgando...
(no le interesó saber que no existían puertas de salida
para abrazarse a la luz).
Y ya era muy avanzado el camino,
sin memoria ni mapas para dar marcha atrás.

Él, como otros jinetes de la rebelión,
tuvo entre sus victimarios a su propia verdad.

ALEGATO PARA QUE EL TONTO SE QUEDE EN LA COLINA

Tonto, no bajes nunca de la colina.
Confínate para siempre en tu catacumba de asombro.
¡Cuidado que la colina amenaza con ser tu paraíso perdido!
Mira, tienes el apoyo de todas esas aves que nacieron de tu
delirio.
Es imprescindible que no exista diferencia
entre el horizonte y tus ojos,
que tu huella sea otra revelación de la lluvia.
Tonto, te has ganado ese reino
por ti mismo construido.
Escucha, príncipe de tu propia altura,
si bajas de la colina
te pondrán la camisa de fuerza,
para convertirte en mero espectador...
- ¿Quiénes?
- ¡Nosotros! –tu estirpe- los verdaderos tontos,
porque bajamos de la colina;
y ahora, desde esta platea,
el cielo es sólo un rostro gris.

DÍAS ANTES DE VOLVERME LOCO

Ese día recorrieron mis sueños
ángeles bélicos que abandonaban
sus nichos,
me castigaron irreparables noches adolescentes,
bengalas sombrías que estallan
en fracciones de segundos,
algo así como el colapso de un beso
con el cual ayunábamos el arroz de la muerte.

Ese día a mil inmortales se le fracturaban
los verbos,
en ciertos hogares se encajaron cuchillos adultos,
un trauma gateó en las cunas.
Ese día (puede ser cualquier día),
¿qué hecatombe se nos escapará de la piel?

Seguramente, Darwin nos descubre
en la inocencia de un tigre.

CUENTO INFANTIL PARA ADULTOS

El nombre de un individuo que trajo al mundo
más desgracias que ningún otro en todos los tiempos.
STEFAN ZWEIG

Fue un niño más en el planeta.
Y como a todo niño,
se le procuró ese paraíso que es el pecho de una madre.
Y un rabino lo tomó de la mano al cruzar una calle de Baviera.
Y hasta los cerveceros velaron por su sobriedad futura.
Y tuvo un maestro de cívica y ética,
pues todos creían que Darwin era apenas un animal de moda.
Y le cantaban una canción de cuna,
para que no entrara en su sueño el grito de Munch
y la sombra de la guerra.

Fue un niño por quien acudió el ángulo transparente
        de la vida.
Pero un día su sueño fue exterminar a otros niños.
Nadie se detuvo a pensar que todo ser es un acertijo,
que en la robusta fragilidad de la niñez se oculta un monstruo.

(Sólo entonces) no nos aterraba su nombre de niño.

OFICIO DE PETER PAN

A Charles Baudelaire, por la patria que tuvo, la de todos

Peter Pan ya no sabe volar.
Volar era un oficio, una cátedra del espíritu.
Volar era poseer una patria,
una patria sin tierra/en cualquier tierra...
Peter Pan ya no puede volar.
Sus alas perdieron la memoria de un tiempo,
un tiempo sin reloj ni imperio del almanaque.
Peter Pan es ahora un huérfano,
un huérfano de sus alas
como si una madre lo echase de su pecho.
Peter Pan ya no puede volar.
Y no hay regreso a Neverland.
Neverland solo se habita una vez,
pues cuando partes
el olvido se convierte en el único camino de regreso.

EDUARDO RENÉ CASANOVA EALO

Natural de Quemado de Güines, Villaclara, Cuba. Licenciado en Idioma Ruso del Instituto Pedagógico Estatal León Tolstoi, Rusia. Profesor, museólogo e investigador. En 1999 obtuvo el Premio Calendario por su libro de poemas Navegación Impasible, Editorial Abril, 2000. Finalista del Concurso Dulce María Loynaz que organiza la fundación Puente a la vista, con su libro Al otro lado del mundo. Ha publicado Navegación impasible, poesía, Editorial Abril, 2000. Con la Editorial Primigenios: El polvo rojo de la memoria, novela, 2018; Las tablillas de Diógenes, poesía, 2018; Al otro lado del mundo, poesía, 2019; El libro negro del desencanto, poesía, 2019; El puente y otros relatos, 2020. Ha compilado los libros: La Habana convida, antología poética por el 500 aniversario de la ciudad de La Habana, 2019; Miami mi rincón querido; La herencia de los buenos muertos, obras presentadas al I concurso internacional de cuentos, libros publicados bajo el sello de la Editorial Primigenios.

LO QUE MÁS ABUNDA EN ESTE MUNDO
son los muros y la basura
después vienen los muertos
que no debieron morir.
Acaban de matar a una niña
de un tiro certero de cañón
y a una mujer en medio de una calle
por estar corriendo bajo las bombas.
La mujer era la madre de la niña
y murieron por estar atadas a esa mano
que sirve de instrumento
para hacer tortas de harina
anudar los zapatos,
peinar los cabellos,
cruzar una calle.
Serán sepultadas en la tierra
junto a otros
que solo han utilizado sus manos
para hacer tortas de harina,
anudar los zapatos,
peinar cabellos y cruzar una calle.
En esas tumbas, difícilmente,
encontrarán los huesos,
de quien pagó por el cañón.

EN UNAS SEMANAS
no más de diez años
mi madre morirá.
Le he servido un plato de ajiaco
y se lo ha comido en silencio
sin levantar la cabeza.
La bastedad de la memoria
le ha impedido
quitar la vista del caldo.

Ahora sé que preguntará
por los Otros
y tocará mi turno
de prestarle mi corazón.

Con la boca cerrada
y el cuerpo transparente
lavo la vajilla.
Mi madre ha visto
el agua tras mi pecho,
las barcas deshechas en mis huesos,
la espuma en mi lengua tropelosa,
prometiendo
el pago a fin de mes.

¿QUÉ ES LA FALSEDAD?
Deben ser palabras
separadas de sus padres
en alguna frontera,
un retumbo
de resbaladiza montura
de intención predominante,
¿cuáles bocas irán
de cabeza baja
al hecho decapitable
de una identidad oval
trazada por la voluntad mayor
de una nube que se rompe en el aire?
en su nitidez,
la fulguración
de una forma-instante
luego se vuelven gotas
como si dictara
instrucciones para el vuelo.
La boca que se considera surtidor
atada a la gracia y travesura de una vida
no admite tutelaje

No quiero mi país de vuelta

Ya para qué,
nunca tuve un país,
ni siquiera cuando acuñaron mi nombre
en la desidia del héroe.
Mi país no existe
nos hemos ido
a las raíces del mangle,
al paisaje soñoliento del norte,
nos hemos ido para siempre,
con el alma pobre y fría
todos, hemos visto como el país
se va a la mierda
y sus aires arrojan odio
y su luna una sombra colérica
y mi padre es un montón de huesos
arropados en una bandera mohosa.
Me he traído a mi madre
para que muera lejos
de donde ofreció su sexo.
Esa línea que nace del primer beso,
esos círculos germinando,
esas parábolas a mi nacimiento
son puras pendejadas
del emigrante.
Mi país es un país de pavor
y sus fisuras y desgarraduras
nos persiguen a todos,
acá en el norte,
donde probablemente
vivimos imaginando
cómo podría ser el país
que tuvimos, o tienen,
sin nada sagrado, sin memoria,
sin carne atada al alma, o ser
que desclavar, bajar, acostar
en la tierra hasta el hartazgo,
para que venga la abundancia,

los artefactos, la zarzamora
el desentume de la mano
y se marchen los años vacíos e inútiles,
y que venga la identidad, asumir esa identidad
sin el nombre de un falso héroe
mientras te acomodan bocarriba o bocabajo
y revisan tu cuerpo de nacido
sin permiso de nadie.
Porque somos
héroes desconocidos
tanto y más grandes que la historia
en el ritual de las cuatro letras,
en las horas eternas
que conforman la piedra,
esa que acarrean
inmundos, por la cuesta
como una vasija para el agua
con pústulas negras y amarillas.
Los colores del país donde nacimos.

La Habana, Cuba, 1979). Poeta, Artesano y Promotor Cultural. Textos suyos han sido difundidos en antologías, festivales y programas radiales de Cuba, Mexico, Chile, España, El Salvador, Italia y Estados Unidos. Ha ganado los premios de poesía Manuel Cofiño 2007, Segundo lugar en el Concurso Nacional de Poesía Rafaela Chacón Nardi 2007, y el Premio Nacional de Décima Francisco Riverón Hernández 2017. Tiene publicado los libros POEMAS SUBSIDIADOS (La pereza, USA, 2013) ERRÁTICO ANIMAL, (Montecallado, Cuba,2018) y El lado sano de la lágrima (Ediciones Laponia, USA, 2019).

DE AQUÍ NADIE SE VA, DE AQUÍ SE FUGAN
Pregúntale al gorrión cuando ya ha muerto
con el canto atorado, el pico abierto...
pregúntales a sus alas que se enrugan
sin los montes, sin el planear. Madrugan
las cúspides del verde en otro mapa.
Debajo del silencio hay una capa
que te vuelve invisible, hay un anillo
un aro redentor...no es tan sencillo.
De aquí nadie se va...de aquí se escapa.

MI PADRE, CASI UN PEZ, HUNDE LA AGALLA
izquierda en la otredad del basurero.
No encuentra la razón, encuentra el mero
incauto resplandor de una medalla.
Rescata un alfiler, una atarraya
que nunca ha de lanzar, encuentra un Cristo
de yeso tan mojado y desprovisto
como estuvo en la cruz... corsario ignoto,
hilador del jamás, mi niño roto
con un garfio de sed en lo imprevisto.
Reconozco sus pasos, ya amanece.
Es hora del café, grita, le abro...
    Acabo de encontrar un candelabro
     lo traje para ti, se te parece...
     y de José Julián...el tomo 13...
Mi padre es un borrón, es una raya,
un minotauro triste, una cizalla.
El latido le afloja la sonrisa
es por eso quizás que en la camisa
lo premia el resplandor de una medalla.

ESTÁ CORRUPTO EL GUSTO QUE TE DISTE
El gramaje del mar en la memoria.
El libro de español, está la historia
corrupta desde el día en que naciste.
Nos sobra corrupción, nos falta alpiste
a tientas de la fe, de su magnética
manía de sudar. Murió la ética.
Se evaporó el mercurio en destemplanza.
Están más que corrupta la esperanza
la industria del amor, la cibernética.
Los corruptos exhiben sus dragones
no hay forma de ignorar tales destellos
nuestros niños querrán ser como ellos
y los suyos también...volverse clones.
Está corrupto Pi en las ecuaciones
todo es cuestión de entrar en la aritmética
y salir más corrupto...es una estética
un salmo incandescente, una abertura.
Son corruptos el aire y la figura
del rey y del esclavo...y la poética.

HEBRA A HEBRA DEVORAMOS LOS 50
centímetros de la trenza que vendiste.
Nuestras bocas son la continuidad de unas tijeras.
Ni Dios llega a leernos las tijeras
solo el bombillo y yo y tú y tu pelo
cayendo desde la mesa hacia el estómago.
Un mechón tiene el olor de los jureles
otro es humeante como el arroz a punto.
De mi cuerpo no hay nada que vender
solo esta voz
pero en ponerle precio
ya hemos fracasado.
Juré hacerte feliz
aunque no lo quisiera el socialismo
y ya ves...
tengo la boca ensangrentada.

GIRA LA MONEDA. EXPIRA
el plazo. La mano arde.
Cada dedo es un cobarde.
Cada línea una mentira.
Gira la moneda, gira.
El viento sufre la huella
del metal y la desuella
con su invisible más rudo.
Bien sé que saldrá el escudo
pero yo pido la estrella.

Daniel Isaac Mendoza

Ciudad de México, 1995. Escritor, escultor, pintor, fotógrafo. Ha colaborado en las revistas literarias La poesía.es, Anestesia, Trinando, La fragata de papel, La letrina de Ítaca, entre otras. Entre sus obras editadas se encuentran los poemarios: *La solitaria consecuencia de tu perfume, Quemar las naves, Necrocomio y Las incursiones bárbaras.* Participó en la antología dedicada al Poeta Federico García Lorca, *Poeta en Nueva York, poetas de tierra y luna* de Karima Editora, y en la antología *Trovadores de Versos*, ambas publicadas en España.

PETRIFICADO
y en silencio me resigno
me encomiendo
como Isaac bajo la daga
cuando de tu cuerpo nada
cuando de la noche un ángel
un mandato y una hoguera.

EN CIERNES

En ciernes la inmediata distancia
que te decolora el cuerpo
que a mi mente olvida.
La gravedad absoluta
que nos mantiene ligeros
adheridos al suelo
como dos granitos de arena
de soledad
de nada.

En ciernes la noche vaga
tu mirada cerrada, antropófago misterio
de muertos sedientos
de fosforescencia horadada.
Un piano remoto, el ombligo del tiempo
jirones de agua, el cierzo inclemente
que arrastran tus dedos.

En ciernes la frugalidad de tu sexo,
llaga del mundo / arcana inquietud.
Separar en dos partes
los causes en todo tu cuerpo.
Los pétalos que abren
sueños mestizos de mano invidente.
En ciernes mi carne
viene a invadirte
con la tentación de todos los Cristos
y el temor de los lirios / un ojo de sangre.
Lunas confusas volcar en tu boca.
Parapetos molidos a son de saliva
tu valle en mis palmas
quebradas de espuma.
A este paso en ciernes
nada de nosotros
quedará para mañana.

319

LAS CIEN MUERTES

Yo nada se hacer
sino morirme,
soy como una uña rota y vacua
que la muerte se dejó
de rojos sueños muriendo
entre las grietas de mis paredes.

Todo el día estoy muriendo
de una muerte crónica y pegajosa
me voy muriendo.
No puedo hablar,
las cenizas de mi muerte
me provocan accesos de tos matutina.

   Y estoy muriendo.
Y llevan en los ojos
el velo del por siempre
los nombres de todas mis muertes.
   Y se parecen a ti,

se visten como tú
y también se desvisten como tú,
hablan igual a ti
e igual que tú
me susurran al oído
las mismas palabras
que yo hacía contigo.

TIERRA ADENTRO

No tenía en los ojos otra mujer
para hacer de sus muslos mi carne
y de su agua el aliento de mi alma.
No tenía en la historia
otro nombre más que el suyo
para metérmelo a la boca
y sonreír con sus labios;
ni egoísmo tan austero
como para intentar compartirla
con las calles y las manos
y los ojos de otras cuencas,
o con sus propias manos
y los ojos de sus propias cuencas,
fijos, muy fijos, sus ojos
en el lenguaje circular
con que hablaba a su sexo.

Yo no tenía más hambre que el hambre
del niño muerto en sus pezones,
cayéndome gota de rocío
hacía el vientre, hacía abajo,
hacia el mar del tiempo que anegamos sin piedad.
Yo no buscaba más causa
que el mecer de su cabello consagrado al viento
y deshacer sin restricciones los senderos
de su piel tierra adentro.
No, yo no tenía más causa
que poblar con mis lirios antropófagos
los bárbaros desiertos en sus pies.

Yo no pensé otra cosa que pulsarle la espina
y arrebatar al movimiento
tonadas silvestres de brillo centrífugo
al atravesar con mi dedo el centro suyo
y hasta la luna.
Yo no quise para ella más que a mí mismo

un valle de irrealidad destilada
entre las laderas de olvido y el *Eterno Retorno*.
Ni esperé elegía ni fuego sobre mi pira
sino el sueño de sus dedos
desenredándome las arterias del cuello.
Yo no sabía si cabría en la brevedad de mi pecho
sin embargo, quise abrirme las costillas
e introducirla dentro de mí
y que el primer rayo del sol volviese a sus talones
un día a la mitad de abril
a finales de mi humanidad.

Yo no tenía bajo la lengua
otra mujer más que su aroma y color
el torrente de sus piernas
y la sal de sus senos tierra adentro.
Yo no consideré callarme tanto
con la tromba palabra
de una certeza suya, imperante y mojada
metida, muy metida en la garganta.
Ni canté entonces otra aria
que el silencio laberíntico crepuscular
con que llevaba hecho el ombligo un todo
al domesticarle el sueño
con mis mañas rutinarias.

Yo no navegué más océanos
ni exploré nuevos mundos,
no resucité la economía
ni siquiera un muerto.

No tenía en mi agenda
más que unas ganas crónicas de matarme.
Yo no inventé ni descubrí nada
en beneficio de otro ni siquiera mío.
Yo no grabé con fuego mi nombre
sobre las aguas de nadie, tal vez sí, en su saliva.
Yo no hice más que quedarme

varado a las puertas de su llamado
en la zona continental de sus orejas
a la derecha de su areola izquierda
sobre el filo de su cuerpo,
memoria y mar adentro.
Yo no tenía entre las manos
más presencia que tú y tu tierra.

NATALIA DE LA CRUZ VILLARREAL

Nací en Durango Dgo. México, el 27 de Julio de 1989. Desde mi niñez mostré cierto interés por la literatura. Mis primeros cuentos que escribí fueron en la infancia ya luego en la adolescencia escribí un cuento que ganó el segundo lugar en *Zona escolar*. A mis 19 años sentí la disposición por entrar a un convento de (Clarisas Capuchinas) monjas que se dedicaban al claustro las 24 horas del día. Estuve 6 años con ellas, años que aproveché para poder crear varios poemas o cuentos que se publicaron en algunas revistas de Durango. Cuando salí del convento, decidí entrar a diversos talleres literarios mientras cursaba la carrera de Lenguas.

AMANTES

I.-Yo vivo en un paraíso de sirenas recostadas a la luna y él en un lago de aguas verdes con árboles tristes...soy una princesa de Oscar Wilde y él, el conejo blanco de Alicia en el País de las Maravillas...él entiende de música y yo de nubes en retorno, de lluvia ancestral, de palabras viejas que saben a vinos otoñales... yo zurzo y bordo para él un traje blanco y él viste a cuadros como los vaqueros... yo busco sedas en antiguos almacenes y él se dedica a profanar templos sagrados en mi memoria, y nos amamos pese a las extravagancias   caseras.

II.-Él no cree en nada y yo creo en todo. Aun así, nos desvestimos creyendo ambos que estamos vivos a pesar de los desafueros y las discordancias filosóficas... él toca el piano y arranca sus teclas hermosas melodías y yo escucho el canto de los grillos, las ranas en mi bosque perfumado de jazmines...yo bailo desnuda bajo la lluvia y él camina con zapatos sobre la hierba...y nos amamos a pesar de las edades de otros tiempos y otros zodiacos inmortales.

II.-Él lee cartas del destino y yo los poemas de Neruda...él sueña con su infancia yo con una vejez prematura en medio de un coro de Nereidas...él es como un caballo azul yo como una rosa blanca...yo tengo los ojos grandes por donde puedo ver el universo a deshoras de la noche o cunado bebo una copa de vino él tiene la mirada de los grillos y sin embargo vemos las mismas cosas. Él es como un castor en el bosque y yo como una golondrina enjaulada. Y nos amamos a pesar de la niebla de nuestros continentes distantes.

IV.-ÉL es el sol y yo la luna, y ambos arrastramos las estrellas hacía nuestra habitación, él es una ciudad de luz con dinteles de neón y yo un pueblo con callecitas tristes, techos rojos y árboles en su jardín...él asiste a las grandes ceremonias de los reyes y las monarquías de algunos países y yo asisto a las batallas que arman los gatos en sus asambleas para atrapar ratones... él sueña con aviones intergalácticos, con viajes a otros planetas y yo con almorzar un día en París, en algunos de esos viejos restaurantes donde amanecían los artistas hablando disparates. Y nos amamos a pesar de las incongruencias sardónicas de nuestros destinos.

V.-Yo amo su rostro de lobo y él ama mi máscara de bruja... Amo sus manos de albañil de reinos afrodisiacos y él su modestia fe en los unicornios rosados de mis cuentos... Ama los mares y los precipicios que los habitan y yo las carreteras con casitas de metal de esos barrios chinos de los poemas que alguna vez escuché de la boca de una costurera de manteles...amo los árboles de las mañanas tupidas de pájaros blancos y él la caída del sol en una noche precámbrica... y nos amamos a pesar de la distancia y las molestias que eso significa.

VI.-Yo vivo en una caja de crayones con los que pinto grillos, y él dentro de una guitarra a la que intenta sacarle notas para cantar con ellos, alguna canción que alegre mi alma... Yo amo el sol del océano y él la lluvia de los Andes...yo voy con un quimono rosa por los bulevares arrastrando miradas de los transeúntes y el cabalgando un mino tauro de colores en los días del Dios momo...yo me disfrazo con el polvo de sus sueños y él se viste de profeta, con casaca roja y barba blanca y nos amamos a pesar de las diferencias órfica.

VII.-Yo invento gráficos en idiomas desconocidos para él y él obedece a sus pasos ensalmos y a sus jeroglíficos profanos...yo enciendo una vela de metáforas en mis córneas y él adivina sus pasos en las cavernas prehistóricas de mis escritos, yo me comunico con los astros en los dulces amaneceres del encuentro con los Dioses... y nos amamos a pesar de la tempestad de estrellas que nos cruzan en la memoria.

VIII.-Yo amo los demonios que habitan mis bordados, él los Ángeles que cruzan mi cabeza cuando estoy en pabilo de velas agonizantes. Nos miramos por entre una cruz retorcida de cenizas y vanas consagraciones. Amo la sal de los mares y el azúcar de las rocas negras, de los manantiales y sus peces dulces... él me ama a pesar de las madejas de hilos rojos que nos dividen. Yo soy el grano de un fruto dormido y él la hormiga que la desangra, juntos somos el halito de vida...soy el caracol de una playa invernal y el bálsamo que acaricia su cuerpo cuando duerme en mi vientre... él, el payaso de sus sueños y yo la bruja que borda el porvenir en su cabeza... y nos amamos a pesar de las penumbras que nos separan.

IX.-Yo juego a las escondidas con mis hilos y bordados, él anda siempre de prisa como si correteara el sol para incendiar sus codicias temporales. Yo bordo mi vida en bellas sedas amarillas y escribo con nostalgia poemas a los árboles que nos dan sombra. Me baño con fragancias delicadas y él se inunda en el río de mi angustia para hallar finalmente su destino... Nos amamos a pesar de las razones que pudiéramos tener para no amarnos.

ALFREDO SÁNCHEZ CARBALLO

Escritor por afición de origen mexicano. Adquirió el gusto por la escritura a partir de las lecturas que le fueron acercando amigos y desconocidos. Es profesor universitario y se dedica a la investigación académica de fenómenos sociales. Escribe cuento, crónica, artículos científicos, ensayos y poesía sobre diversos temas relacionados a la vida cotidiana y problemas que aquejan a la sociedad mexicana. Obtuvo una mención honorífica por su cuento "Ni me lo perdono ni me lo olvido" en la celebración del Memorial del 68 celebrado por la Universidad Nacional Autónoma de México en el 2015. Ha participado en lectura de poesía en eventos como "La Palabra en el Mundo" en el 2019. Es miembro del colectivo de promoción de la lectura y escritura "Recreo Visual". Formó parte de la antología de cuento y narrativa "Nueva Narrativa Tamaulipeca. Generación 2020" publicada en el año 2022. Ha participado en exposiciones colectivas de pintura, tratando de combinar historias escritas con las escenas creadas sobre el lienzo. Escribió el guion para el documental "Tres Valles: del génesis al éxodo" sobre la historia de un municipio en el estado de Veracruz en México. Actualmente desarrolla proyectos de divulgación del conocimiento a través de blogs y video documentales.

Un espejo

Tu mirada inunda cien lágrimas
mientras la noche azota como
una sombra de espinas sobre mi rabia.
Marchita el afán con tanta lejanía,
pero nunca palidece.
Desde ese instante arcádico
en que el dolor germina,
dos preguntas enuncié:
¿Quién soy yo frente
a tus pupilas de oscuro perfil
que se hunden en el espeso horizonte?
¿Quién eres tú que me reflejas
aquello de lo que no tengo pruebas?
Inmóvil y taciturno como
una flama iridiscente observas
con furor carente de interés
el frenesí de un adjetivo amordazado
que eructó un espejo mudo y encendido

Presagio

Admiro las formas que aún no existen
persigo, por el túnel de la garganta, la voz extraviada
como el reflejo de la sed desértica.
Espejismo
Desde lejos vienen los recuerdos, marchan lento,
inmóviles observan el hastío
en el cristal de una acólita mirada.
Estiaje.
Misterioso es el latido del presentimiento
petrificando la vida de un recuerdo
en la sombra de un suspiro fantasmal
dos sombras
tres latidos
un cortejo.

SEPELIO DE GRACIA

El tenue avance
de tu sombra florecida
ya sin orilla
tu cuerpo y conciencia
serán la esfera:
conjunto pretérito de luz.
Partirás con el sol de marzo
cuando los robles
son eso que suelen ser:
pétalo espiral que anida
hasta adornar tu frente
como mansa estrella.
El viento fraguará diademas
para tu fe gitana
festejarán los cerros
silbando tu marcha
y aún los ingratos
entonarán un himno sincero.
Los augurios de tu sangre
semejante un manantial aritmético
musitarán con el pasado
y del reflejo de su aroma
brotará la yerba descalza
más allá del firmamento.
Todo misterio rendirá pleitesía
a tus plumas desnudas
que agitarán el vendaval
y tus velámenes zarpados
ocultarán tu trayecto
por los océanos cardinales y melancólicos.
Todo lo puro y toda la paz
en parvadas tramarán
las arenas inexploradas
que grano por grano
multiplicado por sí mismo
cubrirán los espacios

de tu estela fugaz.
Tus ojos
aun cerrados
blancos como nube nocturna
elevarán un recital pactando
tu nombre a cántaros totales
fortuna de la sed pendular
que a tu fraguada esperanza
será cielo, conciencia y forma.
Asistirás a la noche etérea
cuando el fuego descubrió al mundo
revelando raíces
en tu rostro desvanecido
ríos en tus uñas
y el viento gitano
en tus oídos.
Y así, a pesar de la bruma
que emana de tus manos
escucho tus conversaciones
con el aire que arrastra
plegarías tejidas
de fe plagadas
de repertorios sin narrativa
Tus voces quedarán abiertas
como el mar vaciado
y sin espuma
sin marejadas
sin las infatigables
plumas del pelícano.
Y en aquel día
antesala del penúltimo suspiro
será reliquias para un cuello
peregrino
porque tu gracia intachable
dispersará la fascinación
hacia lo indecible
hacia todo aquello
que hoy es penumbra.

Y así guardaré tus cariños umbilicales
acordonado por tus nichos de sabia
para los días de lluvia ociosa.

FRANKY DE VARONA.

La Habana, Cuba. Poeta, narrador y ensayista cubanoamericano. Ha publicado los poemarios *Solitudes* (2015), *De azares, laberintos y cenizas rotas* (2016) y *Las gaviotas también vuelan en Diciembre* (2017). Participó en la Feria Internacional del Libro, Miami (2017). Sus poemas han sido publicados en revistas literarias, así como en diversas antologías de América Latina y Europa. Ha participado en el evento de la Francopoesía París 2016, también en el evento Internacional de poetas en la ciudad de Cartagena, Colombia. Orador y disertador principal en onceno aniversario de la Tertulia Cuatro Gatos de la ciudad de Orlando, Florida y numerosos eventos en Nue-va York (invitado al Rizoma Literario NYC de Hunter College, CUNY), Francia, España, México, Orlando, Miami, etc. Ha sido galardonado en concursos internacionales de poesía obteniendo menciones especiales y premios importantes como la primera mención de honor en el Concurso Mundial de Poesía llevado a cabo en Seattle U.S.A. 2014, donde entre 29 países y más de 2400 poemas ocupó ese distinguido lugar, así como primeros lugares en concursos literarios en Argentina, España, México. Su trabajo ha sido publicado en numerosos blogs y ha participado en numerosos programas de radio en Europa y América. Miembro de la Sociedad Internacional de Poetas y Escritores de América. Recientemente con su libro *Kabuki* recibió el reconocimiento del jurado en el II Concurso Internacional de Poesía de Fuente Vaqueros.

UNA VOZ
río de alfanjes,
torbellino de frases
que hienden la quietud del alba
en la cotidianidad de lo imposible
y arrastran las palabras nunca dichas
Un gemir antiguo,
que se atare a los ecos
en el orbe de las manos
Una cruz de icebergs en la frente,
una lápida que encalla
en campos minados
y hecatombes
Una sombra que muere de infinitud
por no tener un sauce
a quien asirse
El ermitaño adjetivo que se desdibuja
ante un oscuro arcoíris
El vocablo
en una espiga de girasoles
o en el ojo cansado de un cocuyo
Una suerte anquilosada
en el techo oníricos de las horas
donde levitan los cuervos de la noche.

HAY BOCAS JUNTADAS
que tiemblan en la densidad de la piel
como náufragos varados
a mitad de un camino.
Rompen los paradigmas,
deslindan entre los desbordes
del declive,
los desechos del atardecer
que cuidamos como bonsáis
sin saber que los bonsáis
son frágiles labios agrietados
por la sequía.
Otras, fenecen cual fotos amarillentas
en alguna billetera en desuso
o colgadas como fetiches
en alguna inaudita pared descolorida.
Hay aproximaciones de labios
invisibles
arrítmicos
sin respuestas
que
no
llegan
a
verbos
y
se
convierten
en
fosilizadas
sombras chinescas
que
aparecen
entre
las
nubes nocturnales
y
los

Torvados insomnios.
Hay explosiones en las bocas equivocadas
dioses caídos
deja vú
incomprensible limbo esculpido
en la espera del milagroso rescate
que nadie vislumbra.
Hay encuentros
de labios que mueren oxidados
más allá de las desvencijadas sombras.
Y buscan lo que nos falta
el aire
para amainar la ausencia
de presencias lejanas.
Manos que no llegan
pidiendo un retorno.

LA VIDA
continuación de inevitables
llena de cadáveres urbanos engullidos
por todas las noches
y todas las calles
donde alguna vez solíamos
caminar abrazados.

Desiste de mí
como un páramo incesante
en una lluvia de incendios
sin saber
que soy quien dicta
el color de mis después...
y miro al emanante brillo
antes de traspasar el no retorno,
las pisadas abandonadas
en los rincones,
los vacíos rincones de la nada
llenos de fantasmales silencios
y las paredes manchadas
por el desahucio.
Solo,
en un mar de cristales
confundo la salida hacia el este
a punto de borrarse el nombre
que una vez tuve.

EL JUEGO DE LA VIDA

Jugar
el
juego
dejar
huellas
regalar
un
arcoíris
ser
árbol
y
no ceniza
Vivir
vivir
como
si
fuera
el
último
crepúsculo.

JORGE LUIS MEDEROS (VELETA)

Nace 7 de junio de 1063. Santa Clara. Villa Clara

Libros publicados:
"El tonto de la chaqueta negra"
"La romána del malo" (Premio Abel Santamaria")
"Otro nombre del mar" (Premio Bienal de la décima)
"El libro de otros" (Premio "Ser en el tiempo")
"Descartes"
En edición "Crónicas del barrio" (Premio de la Ciudad de Santa Clara 2022").

LOS CONSEJOS DE PAPÁ XIX

Hija mía:
la gente siempre está hablando del país.
Siempre se queja del país.
Siempre murmura
de que tarde o temprano tendrán que abandonar
la peste del país.
La gente vive susurrando
que hace falta romper la corteza turbia
del árbol del país.
Pero la gente, muy poca gente, grita.
La gente suele habitar en los meandros de quien alza la voz,
suele comerse el pan de los audaces y arrojar el mendrugo.
Y apenas cruza una mueca negra el horizonte
van a desfilar mansos
por la costura infértil que disfraza el país.
La gente se calla mucho
las palabras con sabor a milagro.
Porque el milagro habita en los aeropuertos del país,
a donde acuden amargos y muertos de silencio,
murmurando un adiós inteligible
a la corteza turbia del árbol del país.
Por eso debes callar
cuando la gente diga que te sobra la casa
donde masticas, huérfana,
la sangre del mendrugo de la corteza turbia del árbol del país.
Pero si un día gritaras
deja que sea tu voz y no la gente.
No pidas prestado un canto de sirenas al rumor de la gente.
Que tu boca sea tuya y no algún eco tortuoso de la gente.
Y sobre todo, no ofendas las palmas reales del país.
Así que trata de ser valiente y cállate la boca
cuando murmure
la gente que ya no sirve para nada,
ni aquí dentro
ni fuera del país.

LOS CONSEJOS DE PAPÁ XX

Hija mía:
en esta Era de la Post-Verdad te hacen feliz
con una sarta de mentiras bellísimas.
Y la gente improvisa sus verdades
con arreglo de mil campanas huecas.

Hija mía:
tú y yo hemos tocado con los dientes
a muchísimas puertas
y hemos visto la muerte de verdad.
Hemos palpado el vientre de muchísimos viejos
y hemos tocado el hambre de verdad.
Hemos visto los ojos de muchísimos niños
y hemos salvado sueños de verdad.
Las posverdades sobran en tus manos
cuando se abre la noche y te me abrazas llorando
sobre el cadáver fresco de lo que no pudimos.
Así que no te pierdas
en el enredo de palabras vacías
y pos verdades de chicle y noticieros.
La pos verdad habita en esos manantiales
donde nunca, ni por error, se te mojaron los labios.
Algún día tus hijos no querrán escuchar la vieja loca
que acaricia los perros callejeros
y guarda en algún cajón este poema
de otro viejo olvidado.
En tanto yo
me fumo el pos-último cigarro
y sigo aquí
por si me necesitas.

LOS CONSEJOS DE PAPÁ XVIII

Hija mía:
mantén la boca cerrada cuando hablen los cobardes.
Ellos están de paso por el mundo y su palabra es poder.
Cuando habla un cobarde se detiene la tierra,
se arrugan los corazones y regresa el insomnio.
Los cobardes
son animales turbios que se escurren por la piel de los sueños
y hablan mucho de horóscopos, tarot y compraventas.
Hablan mucho de ego y sobre todo
del sacrosanto Día De Mañana.
Pero nunca se fuman el último cigarro.
Escuchar a un cobarde es peligroso porque enfermas de miedo,
y el miedo viene a tu encuentro
desde cualquier sustancia que la vida regala:
lo mismo el pico de un águila que la tos del vecino,
una ola del mar a sotavento,
un amigo al paso de la tarde
o una pared trivial del Saratoga.
Hija mía:
si un cobarde camina a tu derecha desconfiarás de Dios.
Si se posa a tu izquierda tendrás miedo a la muerte.
Porque los cobardes son el sexo opuesto de la felicidad,
monedas negras de gobierno en gobierno
que te arrancan lo poco de estar viva
que este viejo cobarde,
con muchísimo esfuerzo,
algún día te legó.

GABRIELA JIMÉNEZ VÁZQUEZ

Escritora y promotora cultural mexicana. Licenciada en Psicología por la Universidad Nacional Autónoma de México, con especialidad en Psicoterapia breve de intervención en crisis y en Tanatología. Socio de número de la Ilustre y Benemérita Sociedad Mexicana de Geografía y Estadística. Miembro fundador y vicepresidente de la Academia Nacional e Internacional de la Poesía sede Ciudad de México; miembro fundador de la Academia Literaria de la Ciudad de México; miembro distinguido de la Academia de Extensión Universitaria y Difusión de la Cultura FES Zaragoza UNAM. Integrante del consejo editorial de Sepia ediciones y de las revistas los Escribas y Poesía÷Neón. Autora de: *Huellas que el viento disuelve en palabras* y *Mujer de arena y azul violeta*, presentado en FIL Guadalajara 2019; coautora en una cuarentena de antologías nacionales e internacionales. Publicada en los periódicos La Prensa del Colorado, Denver, Colorado, Voz e imagen de la Cuenca del Papaloapan, en Oaxaca; la Jiribilla, en Veracruz, y el Diario de Chiapas. Publicada en las revistas, Poesía÷Neón, la Llama azul, los Escribas, e Imagen y fuerza social. Primer lugar en el Certamen de Poesía Versos entre manglares; nombramiento como Huésped ilustre y visitante distinguido, por la Sociedad de Poetas y Narradores de Lima Metropolitana, Mención de Honor en el Premio Estatal Juan Díaz Covarrubias y, Premio Internacional Frida Kahlo, otorgado por Arte Ahora, la Academia Española de Literatura Moderna y la Academia Nacional e Internacional de Poesía sede Andalucía, España de la SMGE. Sus poemas han sido traducidos al francés, malayo y lenguas originarias.

COLINA SEPIA

Duerme la media noche,
la almohada insomne se apodera del ambiente,
una estrella fugaz despliega su estela luminosa
y decide pernoctar en la cumbre de la colina
de tinta sepia y marrones.

La colina en donde sucumbimos al deseo,
al amor creyéndolo sempiterno.
Donde la luz de la luna arropó nuestra desnudez,
hoy yace la recurrente incógnita,
no hace más que torturarme.

¿Cuál luna nueva te susurra hechiceros cantos?
De ti soy cautiva, como la luz al día,
y la oscuridad a la noche,
como el agua a los ríos, al mar, a la vida misma.
Mientras yo en el despeñadero de tu olvido,
me disuelvo con el índigo de la lejanía.

FRIDA EN EL ESPEJO

Dedicado a la obra plástica
Con mi reflejo en el espejo,
de Frida Kahlo

Profunda mirada,
de nocturno océano,
jaula de puertas abiertas,
donde el alma se desgaja
en finos diamantes,
a fuerza de dolor, pulidos.

Labios, alambique de sentimientos
        Desde el más débil hasta el fortísimo latido,
        toman sentido.
Parecía contener el aliento,
            antes de cada erupción volcánica
que conectó sus falanges, espíritu e intelecto,
        derramándose en el universo de
vírgenes páginas y lienzos.

NAVEGANTE DEL UNIVERSO

Estremeció la niebla ante la alborada.
Borrascosa algarabía,
cubrió mi piel húmeda en traslúcido negro.
Detenido en el umbral,
Observaste mi universo,
anhelante de ti.

Adivinaste las floridas y rosadas areolas,
sedientas de tus labios;
presto a navegar,
abordaste el incitante océano de mi cuerpo.
El aroma a jazmín y la tenue llama
inundaron nuestros sentidos.

Hipnotizados por el mullido lecho,
que nos abrazó con notas de seda,
nos sumergimos entre olas de besos
y caricias nuevas.
Las manecillas del reloj
desvanecieron las horas,
cómplices de añorada entrega.

Al estruendo del ansia arrebatada,
conjugamos sin cesar apasionados verbos,
no existió más cosmos que el nuestro,
en una tregua infinita vencimos,
espacio y tiempo interpuestos.

PUNTOS CARDINALES

Eres mi norte,
cuando asciendo la cima de las nubes,
embriagadas en el merlot versátil de tus sabores;
porque el cielo se arrebuja de esperanza cuando nos mira,
y llegada la noche, la luna se enciende pincel en mano,
para proyectar nuestras siluetas en la discreta penumbra,
inflamada de gozo ante unión vehemente.

Eres mi oriente,
porque a tu áurea mirada gesta del árbol,
rosado manto de flor de durazno;
y, en el cenit prismático del tiempo,
el rayo vertical de la luz de tu espada,
atraviesa mi fecunda corola.

Eres mi poniente,
el de brazos abiertos, que ávidos en postrero horizonte,
con estoicismo aguardan perderse en la senda de mis estrellas,
que por el roce de tus labios aguardan.

Eres mi sur,
con aroma a nostalgia de reinados almendrados,
que gozaron de tu lengua cuneiforme,
cuando sin brújula exploró las grietas de piel aduraznada,
buscando el nadir extraviado en cronos,
abandonando en sus pétalos perennes,
las primicias de amores, mariposas pasmadas, exánimes.

Made in the USA
Las Vegas, NV
30 January 2023

66519801R00203